김수환
추기경의
신앙과 사랑

|제1권|

김수환 추기경의 신앙과 사랑

제1권

1997년 11월 27일 교회 인가
1997년 12월 26일 초판 1쇄 펴냄
1998년 1월 31일 개정 초판 1쇄 펴냄
2008년 10월 30일 개정 2판 1쇄 펴냄
2010년 1월 25일 개정 2판 8쇄 펴냄

지은이 · 김수환
엮은이 · 천주교 서울대교구
펴낸이 · 정진석
펴낸곳 · 가톨릭출판사
편집 겸 인쇄인 · 김승철

주소 · 서울특별시 중구 중림동 149-2
경기도 파주시 조리읍 오산리 400-8 프린팅파크 內
등록 · 1958. 1. 16. 제2-314호
전화 · 1544-1886(대)
070-8233-8221(영업국)
지로번호 · 3000997

ISBN 978-89-321-1129-2 04230
978-89-321-1128-5 (세트)

값 10,000원

ⓒ 김수환, 1997

http://www.catholicbook.kr

인터넷 가톨릭서점 http://www.catholicbook.kr
명동대성당 서적성물센터 (02)776-3601, 3602/ FAX (02)776-1019
가톨릭회관 서적성물센터 (02)777-2521/ FAX (02)777-2520
서초동성당 서적성물센터 서초지점 070-8234-1880
서울성모병원 가톨릭플러스 (02)2258-6439, 070-7757-1886/ FAX (02)392-9252
미주지사 (323)734-3383/ FAX (323)734-3380

가톨릭의 모든 도서와 성물을 '인터넷 가톨릭서점'에서 만나 보실 수 있습니다.

이 도서의 국립중앙도서관 출판시도서목록(CIP)은
e-CIP 홈페이지(http://www.nl.go.kr/ecip)에서 이용하실 수 있습니다.
(CIP제어번호: CIP2008003141)

천주교 서울대교구 엮음

김수환
추기경의
신앙과 사랑

|제1권|

가톨릭출판사

| 간행의 말씀 |

큰 어른 김수환 추기경님

"너희와 모든 이를 위하여!(PRO VOBIS ET PRO MULTIS)"

이 사목 표어는 김수환(金壽煥, 스테파노) 추기경님이 1966년 2월 15일 마산 교구장으로 임명되면서 택하신 성서 구절입니다. 이 한 문장 속에 그분의 58년간의 사제 생활, 나아가 그분의 일생이 오롯이 담겨 있는 듯합니다.

47세의 나이에 최연소 추기경이 되시어 1968년 서울 대교구장에 취임하시던 당시 김 추기경님은, "교회의 높은 담을 헐고 사회 속에 교회를 심어야 한다"며 제2차 바티칸 공의회의 정신에 따른 교회 쇄신과 현실 참여의 원칙을 드러내는 동시에, 가난하면서도 봉사하는 교회, 한국의 역사 현실에 동참하는 교회상을 제시하셨습니다. 추기경님은, 억압받고 가난한 민중들에게 깊은 관심을 보이셨고, 파행적인 정치 현실과 불확실한 노동 문제 등에 대해 강경한 발언을 서슴지 않으셨습니다. 격동의 근·현대를 지내 오는 동안, 김 추기경님은 시대의 짐을 짊어지시고 한국 사회의 큰 횃불이자 최후의 양심의 보루가 되셨습니다.

김 추기경님께서 제12대 서울 대교구장으로 계신 30여 년 동안 서울 대교구는 하느님으로부터 눈에 보이지 않는 영적 축복만이 아니라 눈으로 직접 확인할 수 있는 많은 축복들을 받았습니다. 교구장으로 취임하셨던 1968년 말 48개 본당 십사만여 명이던 서울 대교구의 교세가 교구장 퇴임을 신청하셨던 1997년 말에는 197개 본당 백이십일만여 명이 되었으며, 성직자 수도 590명으로 증가하였습니다.

재임 동안 김 추기경님은 한국 순교자들의 현양과 시성을 위해서도 아낌없는 노력을 쏟으셔서, 1984년 5월 교황 요한 바오로 2세의 방한을 계기로, 한국 천주교회 창설 200주년 기념행사와 103위 시성식을 여의도 광장에서 개최할 수 있었습니다. 아울러 1981년의 조선 교구 설정 150주년 기념행사, 해외 선교 지원, 북한 동포 돕기 운동과 남북한 교회의 교류 활동, 1989년의 서울 제44차 세계 성체 대회 등을 통해 한국 천주교회의 위상을 정착시키는 데 지대한 공헌을 하셨습니다.

김 추기경님은 모든 사회 구조나 정치 형태가 공동선을 향해 나아가야 하며, 동시에 평등한 권익을 보장하고, 특권 의식과 배금주의를 버리며, 스스로 혁신과 정화의 근본이 되는 내면의 양심을 회복해야 한다고 주장하셨습니다. 또 교회는 공동선을 추구하는 실천 과정에서 불의와의 타협을 거부해야 한다고 역설하셨고, 1970년대의 유신 체제 이래 정치적으로 탄압받던 인사들의 인권을 위해, 그리고 구국과 정의 회복을 위해 1980년대의 민주화 운동을 위해 노력하셨습니다.

김 추기경님은 가난하고 소외된 사람들의 벗으로 장애인과 사형수들을 만나셨고, 강제 철거로 길거리에 나앉은 빈민들을 방문하셨으며, 농민과 노동자들의 권익을 위해 노력하셨습니다. 그리고 빈곤층을 위한 천주교회의 역할을 고심하던 끝에 1987년 4월 '도시 빈민 사목 위원회'를 교구 자문 기구로 설립하셨으며, 이후 30년 동안 서울 대교구의 복지 시설은 150여 개로 크게 증가하였습니다.

행동하는 양심으로, 중용의 침묵으로 시대의 지팡이 역할을 해 오셨기에, 한국 천주교회뿐만 아니라 한국 사회 안에서도 가장 높은 존경을 받는 큰 어른이신 김수환 추기경님의 삶과 정신적 궤적을 묶은 전집이 2001년 총 18권으로 출간된 바 있습니다.

7년의 시간이 흘러, 추기경님의 글과 마음을 다시금 새기고 묵상할 수 있는 기회를 마련하고자, 이번에 김 추기경님의 삶과 인품을 마음 깊이 느낄 수 있고 많은 사람들에게 감동을 준 글들을 가려 두 권으로 묶어 내놓게 되었습니다. 이 두 권의 책이 김 추기경님의 모든 것을 다 말해 준다고는 할 수 없으나, 그분의 내밀한 고백과 영적 일기 등을 통해 그분과 더 깊은 친교를 이룰 수 있으리라 믿습니다.

천주교 서울 대교구 총대리 염수정 안드레아 주교

| 차례 |

간행의 말씀 큰 어른 김수환 추기경님 5

제1장 어머니, 나, 그리고 형

어머니, 우리 어머니 13 | 지금도 주님께 무릎 꿇어 용서를 빈다 30 | 왜 신부가 되었는가? 40 | 나의 좌우명 '너희와 모든 이를 위하여' 46 | 나의 형님, 김동한 신부 48

제2장 기도, 시

자기 이름을 상실한 사람들 59 | 나의 기도 62 | 하느님의 자비 65 | 당신의 생명을 모두 함께 누리게 하소서 67 | 민족의 화해와 일치를 위하여 69 | 부부의 날 기도 71 | 기도는 나의 생명이다 73 | 인간성의 회복을 위하여 75 | 루르드 동굴 아래서 92 | 하느님의 사랑 94 | 수도자, 그대는 96 | 침묵은 밤이다 101 | 주여, 평화를 주소서 103 | 주님의 평화 105 | 5월이 다 가기 전, 성모님께 찬미를 107

제3장 오직 당신 것이오니 도로 받으시옵소서

하느님의 사람아, 노래를 들려 다오! 113 | 겨레를 가족보다 더 사랑하신 장준하 선생 118 | 한국 가톨릭 사상의 선구자 윤형중 신부님 121 | 이 겨레, 이 땅을 사랑한 이방인 127 | 무슨 말로 그들의 넋을 위로할지 모릅니다 131 | 운석 선생님의 영복을 빌면서 138 | 박종철 군의 죽음을 민주 제단에 바친다 142 | 민주의 새벽을 연 성직자 154 | 북만주에서 57년 만에 돌아오신 김선영 신부님 159 | 어디 가면 너를 볼 수 있니 164 | 밀알이 썩어 167 | 주님의 은혜에 보답한 생애 174

제4장 인터뷰

인간과 사랑 183 | 인간은 인간답게 살아야 192 | 힘으로 눌러서는 안 된다 235 | 정권에 고언(苦言) 땐 밤새 고뇌 248 | 무소유의 정신 257 | 교구장직을 떠나면서 265 | 서울 대교구장 30년 회고 269 | 새 천 년의 의미 276

약력 286

제1장

어머니, 나, 그리고 형

어머니, 나, 그리고 형

어머니, 우리 어머니
지금도 주님께 무릎 꿇어 용서를 빈다
왜 신부가 되었는가?
나의 좌우명 '너희와 모든 이를 위하여'
나의 형님, 김동한 신부

어머니, 우리 어머니

어느 날, 가을 들녘이 보고 싶어 시골에 내려갔다. 어느 수도원 손님 방에서 자고 아침에 일어나 커튼을 제치고 창문을 여니 가을 하늘 아래 뜰 가득히 피어난 코스모스가 눈에 확 들어왔다.

상쾌한 아침 공기와 함께 그 모습이 얼마나 청초하고 아름다운지 잃어버린 옛 고향집을 다시 찾은 것만 같았다. 내가 어릴 때 그런 아름다운 뜰이 있는 집에 살아 본 일이 없건만 나의 마음의 고향, 어머니의 모습이 그 꽃밭에서 미소 짓는 것만 같았다.

우리 어머니는 코스모스처럼 키가 후리후리하게 크신 편이었다. 그리고 젊었을 때에는 분명히 그렇게 수려한 분이었을 것이라고 상상해 본다.

'어머니, 우리 어머니' 원고 청탁을 받고 나는 이 글을 쓰지만 어머니의 무엇을 어디서부터 쓰면 좋을지 알 수가 없다.

이 세상에서 제일 소중한 분, 나를 있게 하고, 나를 가장 사랑하신 분, 나를 위해서는 열 번이면 열 번 다 목숨까지라도 바치셨을 분. 그런데 나는 아직 이 나이에도 불구하고 어머니의 이 사랑을 깊이 깨닫지 못하고 있다. 내가 어릴 때 우리 어머니는 가끔 다리에서 바람이 난다고 하셨다. 나는 그 말씀의 뜻을 오랫동안 전혀 알지 못하다가 이제야 겨우 내 몸에서 느껴 알게 되었다. 그러니 우리 어머니에 대해 무엇을 쓰면 좋을지 알 수가 없다.

20여 년 전 독일에 있을 때 신학자 폴 틸리히(Paul Tillich)가 독일 국회에서 정초에 연설하는 것을 방송으로 들은 일이 있다. 그때 그는 이런 말을 하였다.

"독일, 독일, 이 세상 모든 것 위에 있는 뛰어난 독일이라는 우리 독일 국가의 뜻은 결코 객관적으로 다른 나라와 비교해서 우리 독일이 세상 제일이라는 것이 아닙니다. 우리에게 있어서 독일이라는 나라는 어머니 같은 존재요, 마치 우리 어머니가 비록 객관적으로는 평범한 한 여성에 지나지 않는다 할지라도 나에게 있어서는 둘도 없는 세상 제일가는 어머니이듯이 그렇게 우리 독일도 우리에게는 제일이라는 뜻입니다."

그렇다. 내게 있어서도 우리 조국 한국이 제일이고, 우리 어머니 서중하(徐仲夏) 여사가 세계에서 제일가는 어머니시다.

서중하 여사. 여기 '여사'는 내가 우리 어머니에게 처음 붙여 보는 칭

호다. 가신 지 30년이 되어 가는 우리 어머니는 살아 생전에 그런 대접을 받아 보신 일이 없다. 우리 어머니는 '여사'라는 존칭을 붙여야 할 만큼 사회적 신분이나 학벌이 있는 분이 아니시다.

우리 어머니는 당신의 이름 석 자와 하늘 천, 따 지 정도의 기초 한문과 한글 외에 아시는 것이 없었다. 그리고 옹기 장사를 하신 우리 아버지와 결혼하신 후, 가난에 쫓겨 여기저기 이사하며 옹기나 포목을 이고 다니며 파는 생활을 거의 평생 하셔야 했던, 고생도 많이 하셔야 했던 분이었다. 우리 어머니는 말띠였는데, 말띠는 팔자가 세다는 속설대로 그렇게 팔자가 드세다면 드세다고 할 수 있는, 그렇게 한평생을 보낸 분이시다.

내 마음에 새겨진 우리 어머니의 영상은 늙으신 모습이다. 이마에 주름이 잡혀 있고 70여 년의 풍상을 겪으신 그런 모습이다. 남편과 자식들을 위하여 당신 자신을 비우고 또 비우신 분, 그러나 근엄하면서도 미소도 지으시는 모습이 떠오른다. 우리 어머니는 연세가 많아질수록 얼굴이 더 밝아지고 미소가 많아지셨던 것 같다. 차츰차츰 삶을 믿음 속에 받아들이고 초탈해지셨기 때문일까? 혹은 당신이 원하신 대로 아들 둘을 신부로 만드시고 뜻을 다 이루셨기 때문일까? 또는 귀여운 손자 손녀들 때문이었을까?

우리 어머니에게는 확실히 여장부의 기질을 엿볼 수가 있었다. 시대를 잘 만나고, 공부를 하셨다면 사회적으로도 이바지하는 큰 그릇이 되실

소질을 갖춘 분이었다. 어머니의 그런 자질과 리더십은, 언제나 자녀들에게만이 아니라 당신의 친형제, 친척, 이웃들에게도 끼치는 영향으로 알 수 있었다.

옛날 대구 천주교 신자 사이에서는 잘 알려진 서동정(徐童貞)이라 불리는 분이 있었는데 남자이면서 동정을 지킨 이 어른이 우리 외삼촌이셨고, 이분은 주위로부터 그 인품과 돈독한 신앙심 때문에 존경받던 분이었다. 그런데 이분이 우리 어머니에게는 큰오빠이면서도, 십수 년 연하요 누이동생인 우리 어머니를 늘 존경에 가까운 경애심으로 대하시는 것을 보았다.

그러고 보면 우리 어머니는 충분히 그 자질을 갖추셨으면서도 한 번도 제대로 피어나지 못하셨던 분, 자식들을 피어나게 하기 위해 당신은 밑거름이 되신 분이었던 것 같다.

어머니에 대해서 기억나는 것 중에 가장 오래된 것은, 내가 세 살 또는 네 살 때 – 당시 우리는 경북 선산읍에 살았었는데 – 국화빵 기계에 빵을 굽는 어머니의 모습이다. 나는 그때 어머니에게 기대어 앉아 있었고(곡마단의 공연인가 신파극인가 벌어지고 있는 바깥 공터에서) 어머니는 그 구경꾼들을 상대로 빵을 굽고 계셨다. 그리고 머리 위에 무엇인가 이신 어머니 손을 잡고 밑에는 푸른 물이 흐르는 어느 긴 철교를 무서워하며 건넌 일이 떠오른다. 그것 역시 어머니의 장삿길이었던 것 같다. 내 기억으로는 우리 집 살림은 그때부터 아버지보다도 어머니가 꾸려 나가신 것 같다.

선산서 우리 집 가까이에 일본 아이들이 다니는 소학교가 있었고, 어느 날 그곳 아이들과 내 바로 위의 형과 그 또래의 아이들이 싸우는 자리에 나도 끼어 있다가 일본 아이가 던진 돌이 내 이마에 맞아 상처를 입었는데 그 흉터는 아직도 남아 있다.

그리고 다섯 살 때 우리는 선산서 군위로 이사했다. 큰 재를 하나 넘어와 군위 용대동이라는 동네에 살 때에 나는 서쪽에 있는 그 산을 가끔 바라보았다. 특히 해질 무렵 그 산을 바라보곤 했었다. 어린 마음이지만 우리는 저 산을 넘어서 왔고, 지금 사는 이곳은 객지이며 저 산 너머 어디엔가 우리 고향이 있겠지 하는 생각이 무의식중에 있었던 것 같다.

또 군위에서 살 때에는 우리 어머니와 나와 단둘이서만 집에 있을 때가 있었는데 어떤 때는 어머니도 옹기를 팔기 위해 먼 장에 갔다가, 오신다는 저녁 시간까지 돌아오지 않으시면 어둑어둑해 가는 빈집에 혼자 있긴 너무나 적적하고, 어머니도 몹시 기다려져 한길에 나가 어머니가 오실 신작로를 바라보며 앉아 있었다. 그때 석양에 물든 그 산이 어린 내 마음을 말할 수 없는 향수에 젖게 하였다.

나중에 안 일이지만 그 산 너머 선산도 우리 고향은 아니었다. 우리는 도대체 정확히 어디가 고향이라고 하면 좋을지 몰랐다. 나는 대구에서 태어났으나 어릴 때 자라기는 선산과 군위에서 자랐고, 내 위의 형들과 누이들도 대개 태어난 곳이 같지 않다. 우리는 모두 8남매였는데 충남 합덕에서 시작하여 대구, 칠곡, 김천, 이렇게 태어난 곳이 다르다.

우리 아버지 고향은 원래는 충남 연산이지만 거기서는 박해 시대에 이미 쫓겨나셨고, 친척도 아는 이도 전혀 없다. 그러니 고향의 정감이 가지 않는다. 그보다는 경상도에, 그중에서도 대구에서 산 적이 시간적으로도 더 많으니 우리는 모두 대구가 고향이라고 생각하게 되었다. 그런데 대구는 우리 어머니의 고향이다. 어머니는 달성 서 씨로 순수한 대구 분이시다.

나는 8남매 중 막내였다. 우리 어머니께서는 위의 형이나 누이들은 가난과 잦은 이사 때문에 공부를 시키지 못하셨지만 내 바로 위의 형과 나만은 그런 쪼들림 속에서도 공부를 꼭 시키고 싶으셨던 것 같다. 그래서 당시 군위로 이사해서 살 때에 형과 나는 그곳 초등학교에 들어가게 되었다.

우리 아버지는 내가 초등학교 1학년 때 돌아가셨다. 그래서 나는 아버지에 대해서는 기억이 많이 나지 않는다. 우리 아버지는 마음씨 착한 전형적인 충청도 양반이셨다. 충청도 억양으로 나를 부르셨고 그 때문에 동네 사람들이 그 흉내 낸 것이 특별히 기억나고, 동네 사람들 싸움도 잘 말리시고 바둑이나 장기로 소일하시다가 해수병으로 돌아가셨다.

아주 오래전 내가 서울 동성 학교에 다닐 때 서울 서대문에 사시는 친척 고모님이 나를 보시자 우리 아버지 택호를 부르면서 "너는 어쩌면 꼭 네 아버지를 닮았느냐?"라고 하셨다. 그때부터 나는 혹간 아버지 생각이 나면 내 얼굴을 거울에 들여다보기도 한다.

이렇게 아버지에 대한 내 기억은 아주 적다. 그대신 어머니는 나를 낳고 기르셨을 뿐 아니라 공부를 시키고 내가 성직의 길로 가게 한 분이시다.

형과 내가 군위 보통학교에 다닐 때 한번은 어머니가 당신 친정이 있는 대구에 다녀오셨다. 짐작컨대 어머니는 거기 계시는 동안 성당에서 사제 수품의 장엄한 예식을 보고 오신 것 같다. 그때 어머니는 감명을 깊이 받으셨는지, 돌아오시자마자 우리 둘에게 너희는 이 다음에 신부가 되라고 이르셨다.

형은 그 이듬해 대구에 있는 신학교 예비과(초등학교 5, 6학년)로 옮겼고, 2년 후 나도 가게 되었는데, 형은 기쁘게 갔으나 나는 그렇지 않았다. 어머니의 명을 따라 갔을 뿐이다.

우리 어머니는 본시 성품이 곧은 분이셨고, 거짓이나 불의와는 일체 타협할 줄 모르는 분이어서 자식들 교육에도 그만큼 엄격한 분이셨다. 특히 아버지께서 돌아가신 후에는 "아비 없는 자식"이라는 말을 들어서는 절대로 안 된다고 보셨고, 그 때문에 내 위의 형과 나 두 어린 형제를 더욱 엄하게 키우셨다. 따라서 어머니의 명을 거스른다는 것은 상상도 할 수 없었다. 또 우리는 어릴 때 거짓말은 물론이요, 욕 같은 상스러운 소리도 일체 입에 올릴 수 없었다.

나에게 신앙을 심어 준 분은 물론 어머니시다. 뿐더러 형이 신학교로 간 후에-큰 형들은 돈벌이를 한다고 집을 나가 없을 때-집에는 어머니와 나 둘만이 살았다. 그때 어머니는 매일 저녁 한참씩 긴 기도를 하셨고, 나는 그 뜻을 잘 모르면서도 졸면서 어머니와 함께 그 기도를 바쳐야 했다. 그러고 나서 자기 전에는 다시 성시나 옛 성인의 이야기 혹은 우리나라의 고담 중 〈효자전〉을 읽어 주셨다.

그것은 물론 내가 그런 성인이나 효자처럼 되라는 뜻이었다. 이때 들은 성인 이야기 중 기억에 남는 성인은 성 베네딕토 요셉 라브르(1748-1783)라는, 거지 행각으로 철두철미 복음적 청빈과 사랑을 살다 간 성인이다. 그리고 〈효자전〉을 자주 읽어 주셨기 때문에 한번은 어머니가 교리문답 공부를 잘 안 한다고 꾸짖으셨을 때 어머니가 들려준 어느 〈효자전〉의 이야기 그대로 밖에 나가 내 손으로 매를 만들어 와서 어머니께 드리며 종아리를 드러내고 "어머니, 이 불효 자식을 때려 주십시오"라고 한 때도 있었다. 어머니는 물론 그 매로 나를 때리지 않고 다시 한번 조용히 타이르는 것으로 끝내셨다. 이렇듯 비록 엄하게 다루셨어도 내 기억에 우리 어머니가 직접 매를 드신 일은 한 번도 없었다.

우리 집은 참으로 가난하였다. 늘 초가삼간에서 살았고, 대구서는 한때 셋방살이도 했었다. 그런데 우리 집 방은 언제나 깨끗이 도배한 방이었다. 우리가 군위 시골 동네에 살 때에도 그러했는데, 그 무렵 그 동네에서 도배한 방은 극히 드물었다. 우리보다 형편이 몇 갑절 나은 집도 벽에 도배는 할 줄 몰랐다. 그러나 우리 어머니는 벽에 도배를 적어도 두 번씩 하셨고(그 중요한 이유는 봄, 가을 두 차례 시골 신자를 방문 오는 신부님을 우리 집에서 모셨기 때문이다), 우리가 입은 옷도 깨끗한 편이었다. 뿐더러 밥 역시 늘 잡곡이 약간 섞인 쌀밥이었다. 이것도 그 당시 시골에서는 드문 일이었다.

어머니는 우리의 교육에는 엄하셨지만, 먹는 것, 입는 것은 마치 부잣집 같았다. 그대신 사치란 일체 없었고, 심지어 엿이나 과자 등 군것질도 일체 없었다. 내가 어릴 때 우리 집에서는 떡을 한 일이 없었다. 어머니가 처음 떡을 하신 것은 나의 큰 조카—어머니의 첫 친손자—의 돌잔치 때였다. 어머니는 남들이 흔히 해먹는 떡조차 하지 않으셨으나 일상 먹는 음식만은 그당시 시골서는 보기 드문 일류 음식이었다. 나는 지금도 그것을 신기하게 생각한다. 그런 가난 속에서 어머니가 우리를 어떻게 그렇게 먹이셨을까 하고.

나는 후에 사람들로부터 부잣집 아들같이 보인다는 말을 가끔 들은 일이 있다. 다시 말하면 어릴 때부터 귀하게 자란 부잣집 아들처럼 전혀 궁해 보이지 않는다는 것이다. 이것은 가난한 우리 집 환경으로서는 상상하기 힘든 일이다. 하지만 내가 그렇게 궁해 보이지 않고 부잣집 아들처럼 보였다면 그것은 순전히 어머니가 우리를 그 가난 속에서도 귀하게 키우셨기 때문이었다고 생각한다.

　바로 이 무렵 나는 어머니의 손은 참으로 약손이라는 것을 알게 되었다. 배가 아플 때 어머니의 따뜻한 손이 내 배를 부드럽게 어루만지면 아픈 것이 씻은 듯이 나았고, 체하였을 때 어머니가 바늘로 엄지손가락 마디를 따서 맺힌 피를 흘리면 체한 것이 즉시 낫는 것은 잦은 일이었다.
　그보다도 더 놀라운 것은 우리 큰형이 20대에 집을 나가 일본에 가 있다가 다리에 화상을 입어 거의 죽게 되었는데 어머니는 그 소식을 듣자 즉시 일본으로 건너가서 데려오시어 집에서 조약으로 살리신 것이었다. 나는 그때 어린 나이였지만 어머니가 일본말을 한마디도 모르면서 일본까지 혼자 가서 주소 하나만 들고 형을 찾아내어 기어이 데려온 것이 참으로 놀라웠고, 또한 큰 화상으로 다리가 썩어 가 들것에 실려 왔던 형을 어머니가 온갖 조약을 써서 3년 후에는 완치시켜 – 약간 절기는 했으나 – 자유로이 다닐 수 있게까지 하신 어머니의 의술이 참으로 신기했다.
　나는 그때 어머니는 어머니이기 때문에 자식의 병에 무슨 약이 좋은지 육감으로 아는 어떤 지혜를 지니고 계신다고 느꼈다. 이렇게 다리가 나은 형은 다시 집을 나가 이번에는 만주로 가 버렸다. 처음에는 편지도 몇 번 있었으나 나중에는 소식이 끊기고 말았다.
　우리 어머니는 다시 이 아들을 찾으러 세 번이나 만주에 가셨고, 간도의 연길, 용정을 비롯하여 멀리 봉천과 하얼빈까지 찾아가 보셨다. 어머니는 당신의 직업과 같이 포목을 이고 다니며 파는 것처럼 이 여행을 하셨다. 그러나 세 번 다 아들을 찾진 못하셨다. 세 번째는 하얼빈 역에서 꼭 아들처럼 보이는 사람이 있어서 뒤에서 큰 소리로 불렀더니 그 사람은 한번 돌아보곤 그냥 사람들 속에 사라졌다는 것이다. 우리는 늘 이 이야기를 들을 때마다 가슴이 아팠고 "그럴 리가 있겠습니까? 그 사람이 형이 아니었겠지요"라고 하면 어머니는 "아니다. 어미의 눈은 못 속인다"라고 하셨다.

나는 가끔 우리 어머니를 생각하면 형을 찾아 저 황량한 만주 벌판을 세 번씩이나 가신 모습을 떠올리지 않을 수 없다. 나는 옛날에 어떤 이태리 소년이 어머니를 찾아 멀리 남미 부에노스 아이레스까지 가는 눈물겨운 이야기를 읽은 일이 있다. 이에 못지 않게 자식을 찾아서 일본으로, 만주로, 그것도 세 번씩이나 가신 어머니를 생각하면 가슴이 찡해 옴을 아니 느낄 수 없다.

어머니의 사랑—우리 어머니의 사랑—은 참으로 크다. 그것은 잃은 양 한 마리를 찾아서 산과 들을 헤매는 착한 목자의 사랑을 방불케 한다. 사실 나는 어머니의 큰 사랑을 보면서 사랑 자체이신 하느님의 사랑과 자비는 그 얼마나 더 크겠는지 상상해 본다.

어머니의 권고를 거절할 수 없어서 신학교에 들어간 나는 예비과와 서울 동성 학교(소신학교) 그리고 일본 상지 대학을 거쳐 대신학교를 다니는 동안 여러 번 신부가 되기 싫은 마음을 가졌다. 그럼에도 결국 신부가 된 것은 물론 첫째로는 하느님의 부르심이 있어서였겠지만 어머니의 기도의 힘이 컸다고 본다.

대구에서 우리 어머니를 아는 이는(우리 집은 내가 대구 신학교 예비과에 들어가면서 다시 대구로 이사했다) 매일같이 성당에서, 또 대구 주교관 옆에 있는 성모 동굴 앞에서 기도하시는 우리 어머니의 모습을 기억할 것이다. 내가 일제 말엽 학병에 끌려갔다가 살아서 돌아왔을 때 많은 분들이 어머니의 이 기도 이야기를 들려주면서 그 기도의 힘으로 네가 살아서 돌아온 것이라고 하였다.

학병 이야기가 나오니 참으로 잊을 수 없는 일이 하나 있다. 우리 어머니는 내가 막내였기 때문이었겠지만 나에 대한 애정이 대단하셨다. 그런데 자식이란 크면서 어머니의 품을 좀 떠나고도 싶은 것이다. 여기서 나는 일종의 갈등을 가끔 느꼈다. 다시 말하면 어머니가 나를 너무 사랑하시는 것 같아서 그게 싫어졌고, 해방되고 싶은 생각마저 들었다. 그 무렵 학병에도 끌려가게 되었고, 하던 공부도 철학이어서 나는 죽음에 대한 생각을 했고, 만일 죽는다면 어머니가 보시지 않는 먼 곳에서 죽고 싶었다. 그것은 어머니가 내 죽는 것을 보고 괴로워하실 것을 나는 보지 못할 것만 같아서였다. 그런데 학병에 나갔을 때 막상 죽을 위험에 임박한 지경에 이르러서는 나는 정반대로 어머니가 보고 싶고, 어머니 품에서 죽고 싶은 강렬한 소망에 사로잡혀 버렸다.

내가 이 경험을 한 것은 태평양 한가운데 배 위에서였다. 그때 우리가 탄 배는 근처에 나타난 미군 잠수함에 의해 어느 순간에 어뢰 공격을 받을지 모를 그런 급박한 상황에 놓여 있었다. 우리 배는 2,000톤 급의 작은 화물선이었고, 거기에다가 기름, 폭약 같은 것만 잔뜩 싣고 있어서 한 방 맞으면 그 즉시 배도 사람도 한꺼번에 폭발해 버릴 수밖에 없는 것이었다.

그때 갑판 위에서 어느 순간에 닥칠지 모르는 죽음을 기다리면서 나는 수평선 위에 어머니의 모습을 그렸다. 그 즉시 어머니가 보고 싶고, 그 품에 안겨 죽고 싶은 마음이 물밀 듯 몰려왔다. 나는 그때 평소에 내가 의식적으로 생각하던 것과 정반대되는 이와 같은 내 본심을 보고 참으로 놀랐다. 어머니 곁을 떠나 죽고 싶다는 것은 순전히 내가 만들어 낸 생각이고 나의 본심은 어머니 곁으로 돌아가고 싶은 것이었구나 하는 깨달음을 그때 얻었다.

나는 이 경험 외에도 두서너 번 꿈속에서 평소에 내가 생각하고 느끼던 것과 전혀 다른 심적 반응을 일으키는 경험을 하고 난 후에는 나의 본심이라는 것, 즉 나의 마음속 깊이에 있는 참된 나의 모습이 무엇인가 생각하게 되었다.

아무튼 나는 그 경험 이후로 어머니가 내게 있어서 얼마나 소중한 분이신지, 참으로 모항(母港)과 같은 분, 마음의 고향이요, 그 품을 떠나서는 나는 생존할 수도, 존재할 수조차 없다는 것을 깊이 느꼈다.

우리 어머니는 당신이 원하시던 대로 먼저 우리 형이 신부 되는 것을 보셨고, 6년 후인 1951년 가을에 내가 신부 되는 것을 보시고 참으로 기뻐하셨다.

아마 내 기억에 어머니가 그렇게까지 기뻐하신 것은 달리 없었을 것이다. 어머니는 말씀을 하지 않았지만 이 날을 위해 얼마나 긴 세월을 기도 속에 기다리며 사셨는지 모를 일이다.

그리고 우리 어머니의 소원은 단지 신부가 되는 것만이 아니라 참으로 성덕에도 뛰어난 신부가 되는 것이었다. 지난해 작고한 우리 형은 어머니께 자상한 분이었지만 어머니 뜻대로 참으로 거룩하게 살다가 간 분이다. 특히 세상을 떠나기 전 십수 년 동안, 의지가지없는 결핵 환자들을 위해 몸 바치면서 자신의 건강은 전혀 돌보지 못하였던 우리 형은 진정 많은 이를 사랑하다가 간 분이다. 나는 모습이나 성격이 우리 아버지를 닮았다면 우리 형은 우리 어머니를 더욱 닮은 분이었다. 그래서 그분은 마음씨도 다정하고 인물도 나보다 나은 분이었다.

우리 어머니는 아무튼 당신이 원하던 대로 아들 둘이 신부 되는 것을 보고 4년 가까이 신부인 나를 위해 함께 사시며 기도로써 도와주시다가

1955년 3월에 향년 72세를 일기로 세상을 떠나셨다.

나는 그때 어머니가 사신 집에서 멀지 않은 대구 주교관에서 주교 비서로 일하고 있었다. 어머니가 위급하시다는 소식을 듣고 달려가서 곧 의사를 불러오고 하였으나 어머니는 "어머니, 어머니" 하며 다급하게 부르는 내 가슴에 기대신 채 조용히 선종하셨다.

불효막심한 이야기이지만 우리 어머니가 돌아가셨을 때 나는 별로 울지 않았다. 왜냐하면 우리 어머니는 당신 소원대로 아들 둘이 신부 되는 것을 보셨고 당신이 원하던 때에, 영혼 준비(죽음의 준비)를 잘한 후에 돌아가셨기 때문이다.

우리 어머니는 평소에 예수님의 수난을 기리는 사순절에, 또 그것도 성모 마리아를 특히 공경하는 토요일에 가기를 원하셨는데 원하신 대로 그 철에 그날에 가셨다. 가신 날에는 중풍으로 누워 있었던 병상에서 일어나 방 벽에 걸린 십자가를 떼어 들고 성당에 가셔서 그 십자가를 손에 꼭 잡은 채 성로신공을 다 하였고, 때마침 기도하던 노사제에게 다시 한 번 총고해를 하고, 집에 와 저녁을 잘 드시고 그날 밤에 조용히 가셨다.

아무튼 나는 어머니 장례 때 별로 눈물을 보이지 않았다. 그러나 갑자기 고아처럼 느껴졌다. 내 나이 서른이 넘었는데도 모든 것이 텅 빈 듯 했다.

어머니의 장례는 성대하였다. 조문객도 많아서 미사 때는 성당을 가득히 메웠다. 아들 둘이 신부인 것도 영향을 주었겠지만 이웃 전교와 사랑의 실천으로 평소에 존경받아 오신 것이 그렇게 많은 분을 오시게 했다고 본다. 우리 어머니는 특히 가난하고 병든 이웃이나 상을 당하여 슬퍼하는 이를 반드시 찾아보시고 기도로써 또는 적으나마 물질적으로도 도움을 주시고 이웃과 아픔을 함께 나누시는 분이었다. 어머니는 가난 속에서도 정이 많으신 분이었다.

어머니가 가시고 난 30여 년 동안에 나는 성묘도 자주 못하였고 어머니를 위한 기도도 자주 드리지 못하였다. 그러나 어머니의 사랑이 얼마나 큰 것인지는 가끔 생각하게 된다. 나는 고린토 전서 13장의 '사랑의 찬가'를 좋아하는데 이 세상에서 그 완전한 사랑에 가장 가까운 것이 어머니의 사랑, 우리 어머니의 사랑이라고 생각한다. 우리 어머니라고 결코 완전무결하다고 할 수는 없겠으나, 나에게 어머니의 사랑은 나의 "모든 것을 덮어 주고 모든 것을 믿고 모든 것을 바라고 모든 것을 견디어 내는"(1고린 13,7) 사랑이다. 가실 줄 모르는 사랑, 그것이 나에 대한 어머니의 사랑이다.

나는 어머니가 만주에 가서 소식이 끊긴 아들을 세 번이나 찾아가셨다는 이야기를 했는데, 어머니가 아들을 찾으시기만 했다면 그 아들이 비록 폐인이었을지라도 반드시 당신의 품에 안고 집으로 데려오셨을 것을 의심치 않는다. 나는 우리 어머니가 눈을 감으실 때에 가장 잊지 못하신 것이 그 아들이지 않았나 싶다.

가을 들녘을 보고 서울로 돌아온 지 꼭 일주일 후, 내가 묵었던 수녀원의 수녀님들이 모두 몇 마디씩 쓴 편지를 한꺼번에 보내 주었다. 그런데 모두가 지금 그 뜰의 코스모스가 더욱 아름답게 만발하였으니 또 한번 와서 보라는 것이다. 내가 이틀을 묵고 떠나는 날 아침, 그 뜰을 다시 보면서 코스모스와의 이별을 아쉬워하는 것을 보았기 때문일 것이다.

  코스모스처럼 청초한 수녀님들의 글을 읽고 있으려니 다시금 우리 어머니가 그 뜰에서 미소 지으며 손짓하시는 것 같다. 코스모스와 어머니, 왜 이렇게 이 가을에는 가신 지 30년이나 되는 어머니 생각이 이토록 나는 것일까?

● 「샘이 깊은 물」, 1984. 11. 창간호

지금도 주님께 무릎 꿇어 용서를 빈다

그날 따라 대구 계산동 대성당의 종소리는 유난히 성스럽게 울려 퍼졌다. 많은 신도들과 선배 신부들의 따스한 눈길을 받으며 나는 로만 칼라 위에 수단, 다시 그 위에 희고 긴 장백의(長白衣) 차림으로, 왼손에 제의를 걸친 채 발소리를 죽여 사제 서품식을 집전하는 최덕홍 주교님 앞으로 걸어 나갔다. 십자가도 그날 따라 유난히 뚜렷하게 시야에 들어왔고 최 주교님의 목소리도 그날 따라 유난히 엄숙했다.

어머니, 그해 69세이셨던 어머니는 '자식이 신부가 되는 게 소원'이었던 당신의 꿈이 이루어지는 가슴 벅찬 순간을 맨 앞자리 마룻바닥에 꿇어앉은 채 지켜보고 계셨다. 식순에 따라 나는 두 손을 모아 이마를 받친 자세로 마루에 엎드렸다.

성가대와 선배 신부들이 불러 주는 성인 열품 도문(聖人列品禱文)의 성스러운 메아리가 성당을 맴돌 때, 주님께서 내 안에 들어와 자리하실 수 있도록 나는 내 마음을 비워 내는 작업을 하고 있었다.

나로 하여금 신부가 되는 것을 망설이게 했던 그 많은 신념들, 내게 1년쯤 고민을 안겨 줬던 추억 속의 여인, "네가 어떻게 신부가 되겠느냐"라고 나 자신을 긁어 대던 자격지심 등……. 이런 것들의 환영(幻影)을 지워 냈다.

할아버지의 순교

1951년 9월 15일. 이날 나는 주님의 부르심에 "세상에서는 죽고 그리스도 안에서 살겠노라"는 결정적인 대답을 한 것이다. 따지고 보면 내게는 신부가 될 수 있는 소지가 많았다.

충남 연산이 고향이던 할아버지의 휘자(諱字)는 보(甫) 자 현(鉉) 자이신데 독실한 천주교 신자로 병인년 교난(1866-1868) 때 잡혀 충남 덕산 근처에서 교수형을 당해 순교하셨고, 아버지의 휘자는 영(永) 자 석(錫) 자이신데 그분은 유복자였다.

그렇게 태어난 아버지도 천주교를 뿌리치지 못한 채 당시 박해를 받던 많은 신도들이 그러했듯이 옹기 장수로 변신해 전전하시다가 대구 서 씨 문중의 규수와 결혼했다. 그리고 옹기 터를 경북으로 옮겨 생계를 꾸렸으나 장사가 잘 안 돼 다시 이곳저곳으로 전전하게 되었는데 그러면서도 한순간도 천주교를 떠난 적은 없었다고 한다.

5남 3녀의 막내로 내가 태어난 곳은 대구시 남산동. 그러나 그곳에 대한 기억은 별로 없다. 다섯 살 때 큰누나 역시 옹기 장사를 하는 경북 군위로 이사를 했는데 그곳이 바로 내 유년기의 요람으로, 그곳에서 초등학교 5학년 때까지 살다가 대구로 이사를 했다.

장가가고 싶었다

군위에서의 내 유년기는 그대로 가톨릭과의 생활이었다.

당시는 일제 때였으나 종교의 자유는 있어서 큰 도시에는 성당도 있었고, 시골처럼 성당과 신부가 없는 곳에서는 신도들이 어떤 한 집을 공소로 정해 그곳에서 신도들끼리 주일에 공소 예절을 올리곤 했다. 우리 집이 바로 공소였다. 예배를 이끌어 가는 사람은 다른 어른이었으나 아버지가 고집해 우리 집을 공소로 내놓으셨다.

신부가 와서 미사를 올리는 것은 봄·가을 한 차례씩 1년에 두 번이었는데, 신부가 온다는 기별을 받으면 부모님은 방 두 개에 부엌 하나인 초가집일망정 도배를 새로 하고 대청소를 하시며 "밥풀 하나라도 흘리지 말라"고 내게 당부를 하시곤 했다.

부모님이 이러시니 내게는 신부가 '말할 수 없이 높은 분'이요, '선생님보다도 훌륭한 분'이 아닐 수 없었다. 조랑말이나 자전거를 타고 신부가 마을 어귀에 들어설 때마다 어린 내가 느꼈던 '신부에 대한 외경심'은 지금도 생생하다.

내가 일곱 살 되던 해, 아버지가 별세하셨으나 가톨릭을 향한 어머니의 신앙심은 더욱 깊어 갔던 것 같다. 주일에는 물론 평시에도 가톨릭 교리를 가르쳐 주셨고, 내가 신앙심을 갖도록 노력을 기울이셨다.

초등학교 3학년 때이던가 4학년 때이던가, 어머니는 처음으로 손위 형님(동한, 현재 신부)과 내게 "신부가 되라"는 말씀을 꺼냈다. 형님은 즉석에서 쾌히 응락했으나 나는 그러질 못했다.

그도 그럴 것이 신부는 우선 장가를 안 가는 사람이어야 하는데 나는 장가는 가고 싶었다. 같은 반에 있는 친구들 가운데는 이미 장가든 사람이 적지 않았고, 그들이 장가갈 때마다 나는 내심 부러워하던 터였다. 지금 생각하면 사모관대며 가마며 음식이며 맞절 같은, 결혼 그 자체보다 결혼의 부수적인 것들에 더 마음이 갔던 게 아닌가 생각된다.

아무튼 대구로 이사한 뒤, 나는 천주교 대구 교구 유스티노 신학교 부설 초등학교에 입학했다. 이 학교는 말만 초등학교였지 초등학교 5, 6학년 정도의 수업을 하면서 신부가 되는 기초 코스를 가르치는 특별 교육 기관이었다.

물론 형님과 함께 어머니의 권유에 따른 것이었다.

항일 운동 하고파

내가 사춘기를 넘긴 것은 서울 동성 상업 학교에서였다. 동성 상업 학교는 갑 조(상업 학교 코스)와 을 조(신부 코스·전원 장학생)로 나누어 학생을 뽑았는데 형님과 나는 을 조였다.

도서관에서 일본 문학 전집을 닥치는 대로 읽어 대면서 막연하나마 이성에 대한 눈을 뜨기 시작했다. 그러나 당시 내가 느끼기로는 이 같은 소설은 읽으면 읽을수록 스토리가 비슷한 몇 개의 틀로 요약되는 것들이었다.

요컨대 남녀가 만나 사랑을 하다가 삼각 관계로 발전했다가 누군가 자살을 하고…… .아무튼 쉽게 싫증을 느꼈다.

그래서 접하기 시작한 게 가톨릭 성인전이었다. 돈 보스코 성인의 이야기와 소화 데레사 성녀의 이야기 등이 이때 읽은 것들로, 특히 소화 데레사 성녀의 이야기는 내게 소설에서는 맛볼 수 없었던 무한한 뜨거움을 안겨 주었다. "하느님은 미미한 존재를 통해서도 당신의 사랑을 충분히 드러내시는 분입니다. …… 기쁨과 고통 등 모든 것이 사실은 하느님의 사랑에서 옵니다" 하는 대목은 내가 지금도 좋아하는 대목이다.

그러나 이 같은 대목이 좋고 동성 상업 학교 을 조가 신부 코스라고 해서 내가 사실 당시부터 신부가 되리라고 마음먹은 것은 아니었다.

우선 여성에 대한 동경이 없지 않았고 날이 갈수록 한 예비 신부로서는 고사하고 한 인간으로서도 부족함을 통감하게 됐기 때문이었다. '과연 나는 신부가 될 자질이 있는가?' 이에 대한 나의 대답은 항상 "아니다"였다.

고민 끝에 어느 날 프랑스인인 공벨 신부를 찾아가 심경을 털어놓으면서 "신부가 되기 싫다"는 의사를 밝혔다. 공벨 신부는 한참 동안 그윽한 눈빛으로 나를 쳐다보다가 입을 열었다. "신부는 되고 싶다고 해서 되는 게 아니고, 되기 싫다고 해서 안 되는 게 아니다." 나는 두말 못하고 물러났으나 신부가 될 것인가에 대한 내면적인 갈등은 그 뒤 일본 유학(상지 대학) 시절에도 줄기차게 계속됐다. 더구나 당시는 이 나라가 일본의 식민지가 되어 있던 때라 신부 쪽보다는 이 나라 독립을 위한 투쟁에의 길이 훨씬 더 내 마음을 잡아끌고 있던 때였다.

어느 날 학교에서 일본인 교수와 '일본의 식민지 정책'을 놓고 열띤 토론을 벌이고 있을 때, 평소 존경하던 독일인 교수 게펠트 신부가 손짓해 나를 불렀다.

"너, 혁명가가 될래? 아니면 신부가 될래?"

"민족이 나를 필요로 한다면 항일 투쟁에 나서야 한다고 생각합니다."

"너는 역시 신부가 돼야 해."

그러나 민족 감정만은 어쩔 수가 없었다.

1944년 학병으로 끌려가 사관 후보생 훈련을 받을 때다.

일인 교관과 싸워

하루는 일본인 교관이 불러서 갔더니 "조선인으로 전체 성적이 2등인데 일본인에 대해 어떻게 생각하느냐"고 물었다. 마침 가슴속에서 치솟아 오르는 분노를 억제치 못하고 있던 때라 나는 내 마음속의 불덩이를 그대로 그 일본인 교관 앞에 쏟아 놓고 말았다.

갑자기 내 성적이 2등에서 꼴찌로 바뀌면서 사관 후보생 자격을 박탈당한 채 일등병으로 도쿄 남쪽 부도(父島)로 쫓겨난 것은 바로 며칠 뒤였다.

아무튼 신부 수업을 했으면서도, 그리고 신부가 무한한 동경의 대상이었으면서도 나는 "신부가 되겠다"는 결정을 내리지 못하고 있었다.

해방 후 귀국하여 만나 뵌 대구 남산동 성당 장병화 신부님(전 마산 교구 주교)은 바로 그 부분에 대해 내게 결정적인 조언을 해 주신 분이다.

"신부로서는 부적당하다"는 나의 고민을 듣고 난 장 신부님은 "바로 그 점, 그렇게 생각하고 있기 때문에 너는 신부 될 자격이 있는 것이고 꼭 신부가 돼야 한다"는 것이었다. 지금 생각하면 어머니와 공벨 신부, 게펠트 신부, 그리고 장병화 주교님은 내가 신부의 길을 택하도록 한 은인들이 아닌가 생각된다.

니체를 좋아한 여인

다음으로 여성 이야기를 해 볼까 한다. 나는 두 번 여성과 인연이 있을 뻔했다. 한 번은 일본 유학 시절 친구가 자기 여동생과 결혼하지 않겠느냐는 권유를 한 일이 있고, 또 한 번은 해방 후 우연히 교회에서 만난 세 살 연하의 여인이었다.

첫 번째 여인은 별 진통 없이 사양했으나 두 번째의 여인은 내가 거의 1년 동안 고민을 했다.

니체를 좋아한다는 이 여인은 이북에서 월남한 피난민으로 정신적으로 내게 상당한 부담을 주면서 접근해 왔다. 신부가 될 것인지 아직 결정하지 않았던 때라 나는 많은 고민을 했다. 어쩌면 그 여인에게 상처가 될 수도 있고, 그보다도 내 스스로 '어떤 결정을 내려야 하느냐' 하는 기로에 빠져들었기 때문이다.

고민에 고민을 거듭한 끝에 나는 하나의 결론을 얻었다. '한 여성을 완전한 의미로 사랑해 줄 자신이 없다'는 것이었다. 그보다는 많은 사람에게 도움을 주는 일이 내게 주어진 길이라고 판단했던 것이다. 그리고 나는 신부가 됐다.

올해로 신부가 된 지 30년이 되었다. 그 30년 동안 나는 무엇을 했는가? 30년의 연륜만큼 거룩하게 됐는가? 신부가 되기 전에 그랬듯이 여기에 대한 대답 역시 "아니다"이다. 거룩하게 되었기보다는 오히려 때문은 30년이고, 그러기에 나는 지금도 무릎을 꿇고 엎드려 주님께 용서를 비는 것이다.

1831년, 이 나라 초대 교구장으로 부임한 프랑스 신부 브뤼기에르 주교는 "조선은 돈도 사람도 없고 고난뿐인 나라"라는 주변의 만류를 뿌리치고 이 땅에 발을 디뎠다.

자기를 주는 사랑

그때 브뤼기에르 주교가 주변을 향해 던진 말이 있다. "결국 그것은 자기를 내주는 사랑이 없어서 나온 이야기다."

그로부터 150년이 지난 지금, 만일 그 같은 상황이 내게 주어졌다면 나는 그 같은 말을 할 수 있을까?

브뤼기에르 주교의 참사랑을 오늘 내가 내 삶의 지표로 삼고 싶은 것도 바로 이 때문이다. 오직 하느님이 나를 자유롭게 쓰실 수 있도록, 내가 신부 수품을 받을 때처럼 내 마음을 비우는 작업을 끝없이 계속함으로써 나 자신을 하느님의 손에 맡기는 믿음을 지켜 가고 싶을 뿐인 것이다.

내가 언제 어디서나 좋아하는 성 프란치스코의 '평화를 구하는 기도'를 외면서 내 이야기의 끝을 맺고자 한다.

> 나를 당신의 평화의 도구로 써 주소서.
> 미움이 있는 곳에 사랑을
> 다툼이 있는 곳에 용서를
> 분열이 있는 곳에 일치를
> 의혹이 있는 곳에 신앙을
> 그릇됨이 있는 곳에 진리를
> 절망이 있는 곳에 희망을
> 어두움에 빛을
> 슬픔이 있는 곳에 기쁨을
> 가져오는 자 되게 하소서.

위로받기보다는 위로하고

이해받기보다는 이해하며

사랑받기보다는 사랑하게 하여 주소서.

우리는 줌으로써 받고

용서함으로써 용서받으며

자기를 버리고 죽음으로써 영생을 얻기 때문입니다.

● 「중앙일보」, 1981. 9. 22.

왜 신부가 되었는가?

46년간의 사제 생활을 돌아보고 성찰해 볼 때, 주님의 사제로서 일편단심 주 그리스도만을 따르면서 살아왔느냐고 묻는다면 나는 자신 있게 그렇다고 답할 수는 없습니다.

나는 본래 사제 되기를 스스로 원해서 신학교에 들어간 사람이 아닙니다. 지금까지 신문 인터뷰나 또는 어떤 기회에 "왜 신부가 되었느냐?"는 질문을 받을 때, "나 자신은 속으로는 원치 않으면서도 '너는 신부가 되어야 한다'는 어머니의 말씀을 거역할 수 없어서 신학교에 갔다"고 말했습니다.

열세 살에 신학교에 들어가서 대구에서 예비과 2년(초등학교 5, 6학년), 서울 소신학교 5년, 일본 상지 대학 3년, 일본군 학병 생활과 해방 후에 걸친 만 2년간의 공백, 1947년 신학교로 복귀, 그리하여 1951년 9월 15일에 사제로 수품되기까지 18년 가까운 세월이 걸렸습니다.

이 세월 동안 나는 여러 번 사제 성소에 대한 회의를 느꼈고, 몇 차례 신학교를 떠나고 싶은 마음에서 규칙도 고의로 거스르고 꾀병을 앓으면서 한 학기 쉬기도 하고, 또 사제 성소를 두고 상담도 몇 차례씩이나 하고 9일 기도도 바치는 등 참으로 사제로 수품되기까지 안팎으로 우여곡절이 많았습니다.

그동안 적어도 세 신부님에게 상의했었는데 세 분 모두 "너는 신부가 되어야 한다"는 것이 답이었습니다.

학병에서 돌아와 부산 범일동 본당 보좌 신부로 계시던 형님 신부님께 가서 형님과 함께 본당에서 여러 달 지내게 되었을 때, 본당 신부님이 경영하는 보육원과 관계되는 일, 주로 미군들이 주는 구호 물자 관계 일로 신부님이 미국 군종 신부님을 만나러 갈 때면 따라가서 통역을 해 드린다든가 하는 일들이 자주 있었습니다. 한번은 유명한 영화 '소년의 거리'의 주인공 플래너건(Flanagans) 신부님이 부산에 오셨었는데 그 신부님께 소화 보육원을 방문하시도록 주선한 일도 있었습니다.

대구 계산동 성당에서 제대 앞 바닥에 엎드릴 때, 나는 하느님께 이렇게 말씀드렸습니다.

"주님, 저는 사실 보통 사람들과 같은 인생길을 가고 싶었습니다. 그런데 주님께서는 제게 그 길을 보여 주시지 않고 사제의 길만을 보여 주시니 주님의 부르심에 따라 부복(俯伏)하겠습니다."

신부가 된 그날로 나는 공석 중이던 안동의 목성동 본당 주임 신부로 임명되었습니다. 물론 사제가 되었으니 착한 목자로서 주님을 위해, 교회를 위해, 신자들을 위해 봉사하는 삶을 살겠다고 다짐했습니다. 6·25 전쟁 중이었고, 안동은 수복은 되었지만 전화(戰禍)로 말미암아 제대로 남은 집보다 불타 버린 집이 더 많았습니다. 거기에다 그 지방 일대에 심한 흉년이 들어서 안동 읍내에서도 가난한 집 사람들은 생계가 참으로 곤란했으며, 농촌에서는 말 그대로 초근목피(草根木皮)로 연명하고 있었습니다.

본당 신부인 나로서는 무엇을 할 것인가 생각하다가 그 사정을 부족한 영어지만 영문으로 써서 그것을 들고 부산에 계시는 미국 주교 회의 구호 사업 한국 지부장으로 계셨던 안 주교님(Mgr. Carroll)을 찾아갔습니다.

당일에는 안 주교님을 만나 뵙지 못했으나 마침 한국 방문 중이던 주일 교황 대사 필스텐벨그 대주교님을 뵙고 그분께 편지를 보이며 말씀드렸습니다. 그랬더니 다음 날 안 주교님을 꼭 만나고 가라고 당부하셔서 시키는 대로 하니, 안 주교님이 제게 이천만 원의 수표를 주셨습니다.

그리고 대구 최 주교님께 쓰신 편지도 함께 주셨습니다. 저는 돈도 편지도 최 주교님께 드리고, 최 주교님께 다시 얻어서 가져가라는 것으로 해석했습니다. 이천만 원은 너무 커서 그것을 혼자 가지고 갈 생각은 못하고 저는 그중에서 한 삼백만 원 정도 주시면 그것만 얻어 갈 생각이었습니다.

그런데 뜻밖에도 최 주교님이 저보고 얼마를 가져갈 생각이냐고 물으셨습니다. 저는 주시는 대로 가져가겠다고 했더니 "천만 원이면 되겠느냐?"고 하셨습니다. 기대보다도 엄청나게 큰 액수라 저는 기뻐서 어쩔 줄을 모르고 "감사합니다"라고 연신 감사 인사를 했습니다.

그리고 당시 당가 신부였던 장병화 신부님께 가서 그 이야기를 했더니 장병화 신부님도 교구에 돈이 없던 차에 제가 이천만 원을 얻어 와서 그 반을 가져가도 천만 원은 교구에 남게 되니 무척 잘된 일이라고 하셨습니다.

신부님과 그런 기쁨을 나누고 있었는데 최 주교님이 들어오셔서 제게 "김 신부, 원하면 그 돈을 다 가져가라"고 하시는 것이었습니다. 이천만 원을 다 가져가라는 것이었습니다. 처음에는 그 말뜻을 못 알아들었습니다. 그런데 최 주교님이 장병화 신부님의 만류에도 불구하고 그 말씀을 거듭하셔서 저는 어리둥절해졌습니다. "안 주교님이 최 주교님께 쓴 편지 내용이 무엇일까? 아마도 그 돈은 전액 김 신부에게 주는 것이라고 하신 걸까? 주교님께는 그냥 보고 겸 말씀만 드리라는 것이었을까?" 하고 생각하기도 했습니다. 그러나 당가 신부님의 완강한 반대 때문에 저는 결국 처음의 말씀대로 반, 그러니까 천만 원만 본당에 가져가게 되었습니다.

그 돈으로 안동 시내 교우들을 불러 본당에 필요한 수리나 기타 일들을 시키고 품삯을 주었습니다. 시골 공소 교우들은 형편이 더 어려웠기 때문에 교적에 나타나는 식구와 농사짓는 형편에 따라서 분배했습니다. 잡음이 나지 않게 하기 위해 고해소에서 나누어 주며 "누구에게도 돈 받았다는 말을 해서는 안 된다"고 타일렀습니다. 이리하여 공소 교우들의 경우는 거의 모두에게 돈을 주었지만 그 때문에 잡음이 나지는 않았습니다.

본당에는 전임 신부님이 떠나실 때, 교우들과 마음 상하는 일이 있었던 관계로 살림살이 일체를 가져가셔서 아무것도 없었습니다. 사제관에 걸상도 책상도 없고, 식당에는 솥이나 그릇, 빗자루조차도 없었습니다. 참으로 덜렁 집만 있고 거기 딸려야 하는 비품은 일체 없었습니다.

그러니 밥을 해먹을 도리가 없어서 처음 두 달 동안은 제천에서 대구로 피난 가 있다가 제천 쪽에 더 가까이 가 있기 위해 안동 성당 건물을 빌려서 살고 있던 고아원에서 — 돈은 주었지만 — 얻어먹고 살았습니다. 아침 식사 때 점심까지 해 오고, 또 저녁 식사를 해 오는 식으로……

그런데 고아원 측에서 두 달쯤 이렇게 하더니 이제는 더 할 수 없다고 통고해 왔습니다. 부득이 그날 저녁부터 몇 집 안 되는 신자들 집에서 식기와 수저를 얻기도 하고, 밥솥·냄비는 사기도 하고, 또 마침 동정녀 한 분이 있어서 며칠은 그분이 해 주셔서 밥을 먹을 수가 있었습니다. 그러나 그분도 오래는 할 수 없는 처지라 결국 식모를 구해야 했습니다.

그런데 저는 신부가 되면서 제 속으로 이런 원칙을 세웠었습니다. "식모는 반드시 현지에서 그곳 신자들이 추천해 주는 사람을 쓰지, 결코 데리고 다니지 말자"는 것입니다. 식모를 데리고 다니는 경우, 그 때문에 신자들 사이에 잡음이 있는 것을 보았기 때문입니다. 또 한 가지는 우리 어머니가 늘 "너는 절대로 젊은 여자를 식모로 두어서는 안 된다"고 하셨기 때문에 연령이 45세 이상 되는 분—당시 한국 교회 지도서에서도 이런 연령 제한이 있었던 걸로 압니다—으로 하자는 것이었습니다.

 당시 엄 회장님이라는 분이 본당 회장이셨는데 그분에게 저의 원칙을 말씀드리면서 식모를 구해 달라고 청했습니다. 그런데 엄 회장님이 고심고심 끝에 구해 온 분은 이제 겨우 25세 정도밖에 안 되는 새파란 젊은 여자였습니다. 마리아라는 이 사람은 피난민이었는데 남편은 군에 가 있었습니다.

 회장님은 "아무리 사람을 구해 보아도 마리아밖에 없습니다. 아무개 할머니는 스스로 원하지만 그분은 안 됩니다. 또 누구도 있지만 그분도 이런저런 사정상 안 됩니다……" 하며 마리아만이 가능하다는 것이었습니다. 제가 그렇게도 지키고 싶었던 원칙—젊은 식모는 안 된다는 원칙—이 처음부터 무너졌습니다.

● 1997

나의 좌우명 '너희와 모든 이를 위하여'

'너희와 모든 이를 위하여!'(Pro Vobis et Pro Multis)' 언뜻 보아, 이 말은 금언도 명구도 아니다. 그 뜻도 알쏭달쏭하다. 그런데 이게 나의 좌우명이다. 가톨릭에서는 주교마다 자기의 이념을 표방하는 말을 성서나 성현들의 명언에서 따다가 표어로 삼는 전통이 있다. 예를 들면 노기남 대주교님의 표어는 '주의 뜻이 이루어지소서'이고, 대구 서정길 대주교님의 것은 '아버지의 나라가 임하소서'이다. 두 분 다 마태오 복음의 주님의 기도에서 이념을 찾으셨던 것 같다.

그런가 하면 부산 최재선 주교님은 '기도하며 일하자'를 택하였다. 이는 중세 초, 성 베네딕토가 남긴 수도 정신이며 최 주교님은 철저히 이 정신에 따라 살고 있다.

나의 표어인 '너희와 모든 이를 위하여'도 실은 성서에서 따온 것이다. 예수님께서 제자들과 더불어 최후의 만찬을 하실 때, 당신의 몸과 피,

당신 전부를 제자뿐 아니라, 세상 시작부터 마침에 이르는 인류 전체를 위한 구속(救贖)의 제물, 생명의 떡으로 내놓으며 하신 말씀에서 비롯됐다. 그리스도의 뒤를 따라 내 삶을 남김없이 고스란히 인간 구제를 위해 바치는 목자, 목숨 다하도록 사랑에 타는 제물 되고자 나는 이 말을 택했다. 그런데 그게 그리 쉽지 않다. 오히려 요즈음은 자꾸 현실 도피증에 사로잡히게 되곤 한다. 인생이 긴 것도 참사랑의 시간이 많이 남은 것도 아닌데 이러다가는 나의 표어는 구두선(口頭禪)에 그치지 않을까 염려스럽다.

 그러기에 나는 타오르는 촛불의 심지처럼 표어의 정신이 내 존재 전부를 깊이 꿰뚫어 주기를 기원해 마지않는다.

● 「여성동아」, 1969. 3.

나의 형님, 김동한 신부

인생에 있어서 제일 중요한 것은 사랑이다. 나의 형님 김동한 신부님은 많은 이들을 위해서 이 사랑을 사시다 가신 분이다. 그래서인지 이 세상에서 내 마음에 가장 큰 빈자리를 남겨 두고 가신 분이다.

그만큼 형님은 나를 사랑하셨다. 나는 그 형님의 부음(訃音)을 듣고 어찌할 바를 몰랐다.

1983년, 그러니 꼭 10년 전 9월 28일, 나는 로마에서 열리는 세계 주교 대의원 회의에 참석차 서울을 떠나 로마에 도착하였다. 마중 나온 장익 신부님과 함께 바티칸 근처에 있는 중국집에서 저녁 식사를 막 마쳤을 때였다. 장 신부님은 무언지 평소보다도 더 어려워하는 자세로 머뭇거리더니 "말씀드리기 송구스럽습니다" 하고 말문을 무겁게 열었다. 그리고는 "오늘 서울에서 형님 신부님이 별세하셨다는 소식이 왔습니다"라고 전하였다.

나는 그 전갈에 무슨 말로 어떻게 반응을 보였는지 기억이 나지 않는다. 확실한 것은 그 말을 듣는 순간, 가슴이 푹 파였다는 것이다. 장 신부님은 식사나 제대로 할 수 있도록 배려해 주었던 것 같다. 사실 식사 전에 비행기에서 내리자마자 그 소식을 들었더라면 육신마저 허기질 뻔하였다.

형님과 나는 같은 성직의 길을 걸으면서도 평소에 자주 만난 편은 아니었다. 형님은 동생이지만 추기경인 나를 아끼는 마음에서도 되도록 만나는 것을 피하신 편이었다. 같은 나라 하늘 아래 살면서도 어떤 해에는 한두 번 스쳐 지나가듯이 만나면 잘 만난 셈이기도 했다.

우리는 세 살 터울이다. 그리고 어린 시절 형님이 초등학교 4학년을 마치고 신학교에 갈 때까지는 떨어져 본 일이 없다 싶을 만큼 형제요 동무였다. 나도 형님 따라 2년 후에 신학교에 갔다. 그 후로 학교에서는 먼발치에서 보았고, 방학 때는 언제나 함께 지냈다.

내가 왜정 때 일본 상지 대학에 다니다가 학병에 끌려갈 때는 부산 부두에서 전쟁터에 가면 죽을 위험도 없지 않아서인지 형님은 내 손을 잡고 사나이 눈물을 줄줄 흘렸다. 나는 눈물로 일그러진 형님의 얼굴을 볼 수 없어서 빨리 배에 올랐다.

그 후 전쟁이 끝나고 1946년 12월에 늦게 귀국선을 타고 저녁 때 부산 부두에 내렸으나 아무도 아는 이가 없었다. 혹시 성당에 가면 그동안 여러 날 굶은 처지에 무언가 도움을 받을 것 같아서 물어물어 범일동 성당을 찾아갔다가 뜻밖에도 거기에서 보좌 신부로 있는 형님을 만났다. 생사를 점칠 수 없는 처지에서 헤어진 지 근 삼년 만에 살아서 다시 만나는 기쁨을 우리는 둘이서 손을 마주잡은 채 어떻게 표현해야 할지 몰랐다.

그 후 나는 신학교 시절, 방학이 되면 대부분 형님이 신부로 있는 본당에서 지냈다. 형님은 내게는 이름 그대로 형이요, 모든 것을 아낌없이 주는 편이었다. 물론 내가 형님을 위하는 것보다 형님이 나를 더 사랑하셨다.

이런 일이 있었다. 형님은 6·25 전쟁 동안 해군 군종 신부로 입대하여 5, 6년 봉사하고 중령으로 제대하신 후, 미국에 가서 여러 해 교육학을 전공하셨다. 학위를 얻고 귀국하면서 비행기 여행 때 가입한 생명 보험증을 당시 독일에서 공부하고 있던 내게 보내셨다. 나는 난데없이 형님의 생명 보험증이 날아와서 잠시 영문을 몰라했다. 한참 만에 그것이 무엇인지를 알고, 당신 신상에 어떤 변고가 생기면 내게 모든 것을 맡기고 싶어 하신 형님의 심경을 느낄 수 있었다. 형님은 다행히도 아무 일 없이 무사히 귀국하셨다.

인물은 역시 형님이 훨씬 잘나셨다. 그러나 형제는 형제이다. 어딘지 서로 닮은 데가 있었다. 사람들이 형님인 줄 알고 내게 인사하는 경우도 있었고, 나인 줄 알고 형님께 인사하는 사람들도 심심찮게 있었다고 한다. "아이고, 추기경님" 하고 거리에서나 기차 안에서나 인사하면 그 소리에 여러 사람의 시선도 모아지는지라 형님은 가끔 당황해야 했다고 하셨다.

　얼굴은 닮았다는데 마음은 우리 형님이 나보다 훨씬 착하셨다. 우리 형님은 무엇보다 인정이 많았다. 그래서 모든 이에게 다정하셨고, 모든 이를 사랑하셨다. 그중에서도 가난한 이, 약한 이, 병든 이를 참으로 사랑하셨다. 형님이 대구 결핵 요양원을 맡게 된 것은 당신 자신이 당뇨병의 합병증으로 결핵을 앓고 얼마 동안 마산 국립 요양원에서 치료를 받는 등 고생하신 사연도 있지만, 어려운 처지에 있는 사람을 돕지 않고서는 배기지 못하는 그 타고난 선한 인정에서였다.

　특히 마산 요양원에 계실 때 가난한 환우들의 딱한 사정을 옆에서 지켜보면서 불우한 결핵 환자들을 돕는 요양원을 하겠다는 결심을 굳게 세우셨던 것 같다. 뿐만 아니라 스스로 그들의 고통을 나누는 벗이 되고 형제가 되고자 하셨다. 그들을 위해서는 어떤 계산도 필요치 않은 듯 앞뒤를 가리지 않고 너무나 열정적으로 뛰어들었다.

　언제인가 나는 형님의 요양원에 들러서 요양원 확장을 비롯하여 병이 나아 퇴원을 해도 오갈 데 없는 이들을 위한 정착지 마련 등 장래 계획들을 들으면서 당신도 지병인 당뇨로 고생하시는데 너무 무모하게 일을 벌이는 건 아닌지 걱정이 되어 수용 환자 수 조절의 필요에 대해서 조언을 드린 일이 있었다. 그때 형님은 오갈 데도 없을 뿐더러 그대로 두면 죽을 수밖에 없는 중환자가 문 앞에 찾아와서 받아 달라고 애걸하는데 어떻게 돌려보낼 수 있느냐고 하셨다. 환자 수가 늘어나는 것은 당신이 환자를 덮어놓고 받아 주어서가 아니라 환자들이 여기밖에 갈 데가 없다고 찾아오기 때문이라는 것이다. 그리고 그것은 사실이었다.

우리 형님은 찾아온 환자를 절대로 문전 박대하지 못하는 분이셨고, 또 어려운 처지에 놓인 환자가 있다면 자신이 직접 가서 데려오기도 하시는 분이었다.

당뇨병이 날로 심해져서 발에 상처가 생겨 잘 걷지도 못하면서도 형님은 자기 몸을 돌볼 겨를 없이 전국의 성당을 다니며 결핵 환자들을 위해 구걸 강론도 수없이 하셨다. 특히 후원회로 '밀알회'를 만들고, 그 회원 모집을 위해서 우리나라 여러 교구는 물론이요, 멀리 일본과 미국에까지 가셨다. 이 모든 것이 자신을 위한 것은 하나도 없었고, 오직 결핵 환우들의 병고를 덜어 주고 그들을 완치시켜 살리려는 일념에서였다.

그런데 우리 형님의 약점은 바로 그 마음 착함에 있었다. 마음이 착하다 보니 남의 사정 다 들어주어야 했고, 그러다 보니 때로는 너무 믿어서 잘 속기도 하셨다.

우리 형님의 이런 성품 덕에 큰 꿈을 품은 요양원 사업이 계획 과정에서부터 차질을 빚은 경우도 있었으며, 바로 그 선한 '어리석음' 때문에 교회 장상이나 주변 친지로부터 진짜 어리석은 사람으로 오해를 받고 소외를 당하는 시련을 겪기도 하셨다.

형님이 참으로 도움의 손길이 필요할 때, 또 객관적으로도 도움 없이는 성사될 수 없을 때, 형님은 바로 그런 주변의 무관심과 냉대 속에 소외되고 혼자 버려져 있었던 때가 적지 않았다. 형님은 아마도 그럴 때마다 묵주알을 굴리면서 홀로 성모님께 의지하며 하느님 앞에 서 있었을 것이다.

이러니 당신의 지병인 당뇨병은 악화될 수밖에 없었다. 그리하여 여러 가지 치료도 해 보셨으나 별무효과(別無效果)였다. 돌아가신 해에는 발과 다리의 상처가 낫지 않고 날로 악화되어서 먼저 대구 가톨릭 병원에 여러 달 입원해 있어야 했다. 나중에는 내가 내려가서 직접 강남 성모 병원으로 모셔 왔다.

강남 성모 병원 정형외과 선생님은 이미 썩어 가는 부위는 절단할 수밖에 다른 방법이 없다고 하였다. 서울로 모셔온 지 한 주일쯤 후, 그러니까 9월 26일에 나는 다음 날 비행기로 로마에 가야 했기 때문에 병원에 들러 다녀오겠다는 인사를 드렸다.

그러나 그것이 이승에서의 마지막 하직 인사가 되리라는 것에는 미련스럽게도 생각이 미치지 못하였다. 단지 나 없는 동안에 다리 절단이라는 큰 수술을 받으셔야 하고, 또 듣자니 당뇨인 경우에는 지혈이 잘 안 될 수 있고, 그럴 때는 절단 부위도 다리 끝까지 높여야 한다는데, 참을성 많은 형님이시지만 그것이 얼마나 고통스러울까만 생각했다.

하지만 그때 대구에서부터 형님의 간병을 맡아 온 이들이 서울까지 올라와서 친아버지께 하듯이 너무나 잘 해 드리고 있어서 다소 안심이 되었다. 그들의 모습은 내 눈에는 천사와 같았다.

아직 대구 병원에 계실 때였다. 문병하러 갔더니 마침 해인사에서 어떤 스님이 형님이 좋아하실 거라면서 큰 자루에 가득 담긴 산채를 가지고 오셨다. 형님과 그 스님은 평소에 친하게 지내신 모양으로 두 분의 주고받음이 스스럼없어 보였다. 우리 형님은 그렇게 좋은 마음씨로 종교나 신분의 고하를 떠나서 많은 이들과 정겹게 사귀셨다. 나는 많은 이를 대하면서도 그 대부분의 만남이 의례적일 수밖에 없다. 그런데 우리 형님은 만나는 이들 대부분과 쉽게 친분을 맺으셨다. 가난한 이나 보통 사람들이 대부분이었으나 그중에는 구상 선생님 같은 시인, 문인, 예술인도 더러 계셨다.

형님이 작고하신 후 어떤 여교우는 우리 형님을 평소에 아버지라 부르고 모셨으니 이제 추기경님은 우리 작은 아버지가 아니냐고 하는 것이었다. 나는 그 자매가 나를 그렇게 부르는 것이 처음에는 어색했으나 나중에는 오히려 다정스러웠다. 형님은 참으로 사람을 사랑하다가 일생을 다하신 분이라 해도 과언이 아니다.

나는 로마에서 부음을 듣고 난 뒤, 한 달 동안 회의에 참석하면서도 마음의 공허를 메울 수 없었다. 그래서 형님을 잘 아는 이들에게 주소를 아는 대로 긴 편지를 썼다. 어떤 이에게는 형님 부음을 알리는 뜻도 있었지만 내 마음을 달래기 위해서였다.

회의를 마치고 귀국하자 즉시 대구로 내려갔다. 먼저 주교관 경내에 있는 묘소에 갔다. 소박한 분묘 앞에는 작은 나무 십자가가 꽂혀 있었고,

거기에는 '고 김동한 가롤로 신부의 묘'라고 쓰여 있었다.

나는 처음으로 형님의 죽음을 현실로 받아들일 수밖에 없었다. 마침 많은 분들이 나의 성묘 시간을 알고 나와 주었고 준비도 되어 있었기 때문에 형님을 위한 미사를 봉헌하였다. 물론 로마에서도 매일 미사 때마다 형님 생각을 하였지만……

그러나 사람들이 모두 형님 이야기를 아는 대로 들려주었기 때문에 나는 다시 형님이 가까이 계시는 것처럼 느껴졌다. 그리고 요양원에 들렀다. 형님이 사시던 방, 내가 때때로 방문하면 나를 위해 내놓으시던 그 방에 들렀다. 방은 텅 비어 있었다. 내 마음의 빈자리도 더욱 깊이 패었다.

나는 그 밤을 그 방에서 새우면서 이제 이 세상에서는 불러도 불러도 형님을 다시 만날 수 없다는 것을 아프게 시인할 수밖에 없었다. 하지만 영적으로는 오히려 더욱 가까이 함께 있다는 생각도 들었다.

우리 형님은 참으로 좋은 분이셨다. 나를 이 세상에서 어머니 다음으로 자기 몸처럼 사랑해 주셨던 분이다. 그리고 그분은 많은 사람을 진심으로 사랑하고 위하다가 가셨다.

"밀알 하나가 땅에 떨어져 죽으면 많은 열매를 맺는다"(요한 12,24)라고 주님은 말씀하셨다. 우리 형님은 진정 그 밀알 하나가 되셨다. 나누면 나눌수록 많아지는 그 사랑의 밀알이 되셨다.

가신 지 십 년이 되는 때에 그분을 기리는 뜻에서 '밀알회'에서 추모 문집을 낸다니 참으로 고맙기 한량없다. "진심으로 고맙습니다"라는 인사를 이 자리를 빌어 수고하시는 모든 분들에게 두루두루 드리고 싶다.

● 고 김동한 신부 추모 문집 기고문, 1993. 8. 5.

제2장

기도,
시

기도, 시

자기 이름을 상실한 사람들
나의 기도
하느님의 자비
당신의 생명을 모두 함께 누리게 하소서
민족의 화해와 일치를 위하여
부부의 날 기도
기도는 나의 생명이다
인간성의 회복을 위하여
루르드 동굴 아래서
하느님의 사랑
수도자, 그대는
침묵은 밤이다
주여, 평화를 주소서
주님의 평화
5월이 다 가기 전, 성모님께 찬미를

자기 이름을 상실한 사람들

"행복하여라, 마음이 가난한 사람들! 하늘나라가 그들의 것이니."

주여, 우리 주변에 가난한 사람들은 너무나 많습니다. 도시의 판자촌, 시골의 오막살이, 아직도 무수한 사람들이 가난에 짓눌려 있습니다.

그들이 어디서 행복을 찾을 수 있겠습니까? 가진 것이 없어서 걱정이 적다고 볼 수 있겠습니까?

하지만 그들은 가난에 쫓겨 살아야 하지 않습니까? 가난 때문에 추방되다시피 대도시로 몰려들지 않습니까? 누구도 따뜻하게 맞이해 주지 않는데도 어제도 오늘도, 그리고 내일도 모레도 이 유랑민의 행렬은 그야말로 끝없이 이어져 있습니다.

대도시에서 그들은 값싼 물건처럼 팔려 갑니다. 아무리 헐값이라도 공장이나 어떤 직장에 팔려 가는 사람들은 나은 편입니다. 소녀들 중에는 사창가에 몸까지 아주 팔려 가는 경우도 적지 않답니다.

나는 당신의 섭리로, 제가 보기에는 잘못된 섭리로 이런 이들을 위한 목자로 파견되었는데도 이들의 사정을 잘 모릅니다. 그저 피상적인 관찰과 들은 이야기뿐이고 그들 속에 한 번도 깊이 들어가 본 일이 없습니다. 주여 이 종을 벌하소서! 이런 가난하고 불우한 사람들을 외면해 온 당신의 이 불충한 종을 벌하소서!

며칠 전 이런 이야기를 들었습니다. 서울의 많은 버스 여차장들에 관한 이야기입니다. 이들은 도대체 자기 이름이 무엇인지 알고나 있는지 의심날 만큼 자기가 사람이란 것조차 느끼지 못하는 표정들이랍니다. 사람 대접을 받지 못한 지 너무나 오래되었기 때문입니다. 정애, 순희, 영미…… 이런 아름다운 이름들로 불리지 않습니다. 그들은 모두 번호로 떨어졌습니다. "14번! 19번!" 사나이들이 지르는 불호령에 이른 아침부터 통금이 가까운 밤중까지 기계처럼 움직여야 한답니다. 얼마나 인간 이하의 푸대접 속에 살아왔는지 도무지, 인간으로서의 자의식도 없고 남조차 사람같이 보지를 않는답니다.

어느 한 사람이 그들의 마음속에 사람됨을 다시 깨우쳐 주기 위해 갸륵하고 용맹한 뜻으로 그들에게 접근해 보고 있다고 합니다. 이 이야기는 그 사람의 체험입니다.

처음에는 웬 사람이 이렇게 밉살스럽게 내게 친절한가 하는 조차의 표정도 읽을 수 없더랍니다. 한마디로 냉소와 냉대만이었지요. 그리고 불신!

이 사회의 구석구석에 깔려 있는 그 불신의 장막이 그들의 마음 깊이 덮여 있답니다. 누구도 믿지 않는답니다. 업주도, 감독도, 노동조합 간부들도 물론 믿지 않고, 동료들도 믿지 않는답니다. 자신마저 믿지 않는답니다. 그러니 누구인지 신원도 모르는 남을 믿을 리 있습니까?

이 사람은 그래도 꾸준히 지금 석 달째 그들과 정기적으로 만나고 여성으로서, 인간으로서의 자의식을 깨우쳐 주려고 노력하고 재봉, 뜨개질 등 기술 습득의 기회까지 마련하면서 인간 기본 교육을 시도해 보고 있습니다. 그러나 번호로 떨어진 그들은 자기 이름을 되찾아야 하겠다는 생각을 좀처럼 하지 못하고, 그 얼어붙은 마음이 언제 따스한 사랑에 눈 뜰지조차도 의심스러운 경우가 적지 않답니다. 그런데 이미 물건이 된 지 오랜 그들은 한 곳에 오래 정착할 줄도 모르고, 또 할 수도 없다는군요. 이 회사에서 저 회사로 석 달 혹은 길어야 여섯 달에 팔리다시피 옮겨 간다 합니다.

주여, 이와 비슷한 이야기는 버스 차장들의 경우만이 아닙니다. 방직 공장의 여공들의 경우도 대차 없답니다.

주여, 이들에게 위로를 주소서.

● '인권을 위한 나의 기도', 1972

나의 기도

주여, 당신이 보고 싶습니다.
당신과 만나고 싶습니다.
당신과 함께 살고 싶습니다.
목숨 다하는 그날까지
당신과 함께 영원을 향하여 걷고 싶습니다.
형제들을 위한 봉사 속에
형제들을 위한 가난 속에
그들과 함께 모든 것을 나누면서
사랑으로 몸과 마음 다 바치고 싶습니다.

예수는 우리를 부(富)하게 만드시기 위해
자기를 비우셨다.

우리에 대한 사랑이 예수님의 가난의 이유이다.
사랑 없으면 가난 자체만으로는 소용이 없다.

주여,
우리에게 당신 성령의 빛을 가득히 내려 주소서.
주님 앞에 우리의 눈을 뜨게 하시고
주님의 말씀인 복음의 말씀에 귀 기울이게 하소서.
봉사받으러 오시지 않고 봉사하러 오신 주님을 본받아
주님과 형제들에게 몸과 마음 다 바쳐
봉사하는 자 되게 하소서.

주여,
우리의 삶에 복음적 가난이 아름답게 꽃피게 하소서.
형제들을 부(富)하게 만드시기 위해
당신 스스로를 비우신 주님을 본받아
우리도 주님과 형제들에 대한 사랑으로
남을 위해 자신을 비우는 그 가난을 본받게 하소서.
특히 가난한 자, 약한 자, 소외된 이들을 진심으로 사랑하며
그들에게 앞서 봉사하는 자 되게 하소서.
그리하여 주님의 정신 곧 복음의 정신으로

우리의 삶을 가득히 채워

우리 모두가 주님의 성령의 인도로

나날이 다시 태어나게 하소서.

● 1979

하느님의 자비

– 박정희 대통령의 죽음을 애도하며 –

선하신 주 하느님,

이 시간, 온 겨레가 주님 앞에 함께 모여 겸손된 마음으로 고 박정희 대통령을 위해 기도드립니다.

그분의 너무나 충격적인 죽음 앞에 우리는 모두 할 말을 잃었습니다. 인생의 무상을 통감하면서 주님만이 참으로 영원한 생명이심을 깊이 깨닫게 되었습니다.

주여, 인자로이 주의 종 박정희를 돌보아 주소서.

이제 이분은 대통령으로서가 아니라 한 인간으로서 주님 앞에 엎드려 주님의 자비를 믿고 생명을 목말라합니다.

인자하신 주여! 이분의 영혼을 받아 주소서. 그에게서 죄와 죽음의 사슬을 끊고, 그를 당신 생명과 광명의 나라로 인도하소서.

그리고 아버지를 잃고 비통에 젖은 그 자녀들을 불쌍히 여기시고 주님의 위로와 용기를 주소서.

또한 우리 모두의 마음도 밝혀 주시어 이분의 죽음 속에 담긴 의미를 깨닫고, 의롭고 밝은 나라 건설을 위해 한마음 한뜻이 되게 하소서.

우리 주 그리스도를 통하여 비나이다. 아멘.

● 박정희 대통령 추도사, 1979. 11. 3.

당신의 생명을 모두 함께 누리게 하소서

자비로우신 사랑의 아버지,

교회 쇄신을 위하여

기도로써

영성 생활을 새롭게 하고자

올해, 목자인 주교들이

한자리에 모이고

우리는 마음을 들어 올려

당신의 거룩한 위엄을

소리 높여 찬미하나이다.

아시아에,

당신 백성 가운데로 불러 주신

우리에게 성령을 보내시어
보다 가까이 한층 깊게
당신과 친교를 이루도록
우리를 인도하소서.

주교들을 비추시어 우리를 돌보시고
당신의 빛,
당신의 생명을
모두 함께 누리게 하소서.

우리 가운데 거룩함의 표양이 될
사제들과 수도자들을 많이 일으키시어
당신 거룩함으로 우리를 이끄소서.
우리 가운데 살아 계시는 성령께서
우리를 통하여 세상을 새롭게 하시고
모든 이가 당신의 자녀 되어
그리스도를 닮게 하소서.
우리 주 그리스도를 통하여 비나이다. 아멘.

● 주교 회의, 1983. 11. 22.

민족의 화해와 일치를 위하여

역사를 섭리하시는 하느님 아버지,

이 땅에 가톨릭 신앙을 기묘히 들어오게 하신 당신의 은혜에 감사드립니다.

우리는 순교자 성월을 맞이하여 박해와 시련 속에서도 불굴의 용기와 사랑으로 진리를 증거한 선열들의 업적을 기리며 민족의 화해와 일치를 위하여 기도드립니다.

하느님 아버지,

분단의 아픔 속에 헤아릴 수 없는 고통과 슬픔을 겪고 있는 우리 민족은 불신과 대결, 불의와 부조리로 또 다른 병을 앓고 있습니다. 우리 민족이 언제나 서로 용서하며 사랑할 수 있도록 우리 자신을 그리스도의 수난과 죽음에 일치하여 당신께 봉헌하오니,

아버지, 형제들에게 잘못한 우리의 모든 죄를 용서하소서.

우리 가운데서 가난하고 힘없어 소외되거나 버림받는 이 없게 하시며, 우리에게서 미움을 몰아내시고, 서로 아끼고 존중하는 마음 넘치게 하소서.

우리 자신이 먼저 정의와 진리에 따라 살며, 참사랑을 실천함으로써 모든 이를 아버지 안에 일치시키는 도구 되게 하소서.

아버지, 우리 가정과 교회, 그리고 우리나라에 아버지의 자비와 평화를 가득히 내려 주소서.

우리 주 예수 그리스도를 통하여 비나이다. 아멘.

● 순교자 성월 기도문, 1986. 9.

부부의 날 기도

하느님 아버지!

우리에게 '부부의 날'을 허락하여 주시고,

혼인성사의 커다란 선물을 베풀어 주심에 감사드립니다.

매일매일 더욱 친밀해질 수 있는 우리들의 삶을 통해서

혼인성사의 영광을 증거할 수 있도록 도와주시옵소서.

용서의 아름다움을 우리에게 가르치시고

우리의 몸과 마음을 더욱더 하나 되게 하소서.

우리의 대화 생활을 더욱 튼튼하게 하여 주시고,

우리로 하여금 당신 사랑의 증거가 되는 삶을 살게 도와주소서.

우리를 교회와 함께 사랑 안에서 더욱 성장하게 하시어,

우리의 혼인성사를 새롭게 할 수 있도록 하여 주시옵소서.

우리 주 예수 그리스도의 이름으로

우리를 하나 됨의 표징으로 삼으시옵소서.

아멘!

● 부부의 날, 월드 와이드, 메리지 엔카운터 후원, 1996. 5. 1.

기도는 나의 생명이다

기도는 삶이다. 생활이다.

우리는 기도를 어느 특정한 시간에 하느님께 바치는 것으로 생각한다. 하루의 여러 가지 일 중에서 한 가지 것으로.

그러나 내가 말하는 것은 삶이 기도이다, 활동이 기도이다 하는 것은 아니다.

기도는 하느님께 나를 전적으로 내맡기는 것이다. 그분이, 당신이 원하시는 대로 나를 도구로 쓰시고, 당신이 원하시는 대로 나를 만드시고, 당신이 원하시는 대로 나를 당신의 사랑으로, 당신의 생명으로 가득히 채우실 수 있게끔 나를 하느님께 완전히 내맡기는 것이다.

기도가 이러할진대, 그것은 바로 나의 삶이다. 나의 생명이다.

나는 기도를 떠나서 살 수 없다. 기도를 떠나면 그것은 하느님을 떠난다는 말과 같다. 나는 하느님 없이 살 수 없고 완성될 수 없다.

기도는 이 하느님과의 부단한 관계이다. 친밀한 관계이다. 그렇기 때문에 기도는 바로 나의 삶이다.

● 1979

인간성의 회복을 위하여

얼어붙은 자연에 봄의 입김이 서려 옵니다.

그런데 우리의 얼어붙은 마음엔

언제 봄이 옵니까?

공포에 사로잡힌 표정들!

핏기 가신 그 창백한 얼굴들!

이 불안에 떠는 겨레를 위해

주여! 진정 당신의 위안과 평화를

기도하지 않을 수 없습니다.

당신의 빛을 하늘에서 가득히

우리 마음에 내려 주소서.

주님, 진실이 무엇인지, 어디 있는지

깨닫게 하여 주소서.

목숨 다하는 그 마지막 순간까지

우리가 지켜야 할 가치는 무엇입니까?

당신의 도움 없이는 이 역사의 오밤중에

길을 잃지 않을 수 없습니다.

영원으로의 길을 우리에게 밝혀 주소서.

우리들은 당신의 선민(選民) 이스라엘은 아닙니다.

그러나 역시 당신의 백성입니다.

가난하고 헐벗은 가운데도,

길고 긴 형극의 여정 속에서도

이스라엘에 못지않게 받은

이민족의 학정(虐政)과 그 수모 속에서도,

이 분단의 비운과 전화의 가혹한 시련 속에서도

당신만은 끝내 두려워할 줄 알던

선민이 아니옵니까?

그런데 주님,

우리의 현실은 너무나 각박합니다.

위기 의식이, 불안이, 체념이, 허탈이

우리 모두의 마음을 무겁게 짓누르고 있습니다.

아슬아슬한 권력의 절벽,

무섭게 공허한 침묵의 심연,

칠흑 같은 불신의 장막,

이 장막을 벗길 빛은 없습니까?

저 절벽과 심연을 이을

믿음의 다리는 없습니까?

어느 때 불어닥칠지 모를

돌풍이 세차게 일면

절벽에 매달려 있는 돌들이

일제히 심연을 내려칠 것만 같습니다.

그 강타가 지열(地熱)을 건드리면

침묵의 심원이 순식간에 활화산의 분화구로 바뀌어

맹렬한 불기둥을 밀어 올려

그 절벽을 송두리째 삼키지 않을까 두렵기만 합니다.

그러나 주여!

공포에 질린 얼굴들은 생각뿐입니다.

누구도 그 위험 앞에서 무력합니다.

'생각하는 갈대'는 약합니다.

오관도, 사지도 얼어붙었습니다.

이를 녹일 사랑의 불은 없습니까?

주여! 우리는 사실,

당신께 은총을 구할 자격조차 없습니다.

우리의 마음이 눈같이 희다 할 수도,

우리의 얼굴이 천사처럼 맑다 할 수도 없습니다.

오히려 우리 영혼은 어쩌면,

그 밑바닥까지 죄에 젖어 있는지도 모릅니다.

우리는 사실 양심에 어긋나는 일을 너무도 많이 저질렀습니다.

지금도 부정과 불의가 우리 안에 창궐(猖獗)하고 있습니다.

배리와 역리(逆理)가 순리와 도리를 앞지르고 있습니다.

우리 손은 깊이 부패되어 있습니다.

우리 발은 깊이 흙탕물에 젖어 있습니다.

그러하오나 주여!

하염없는 눈물을 머금은 채,

우리의 한결같은 소망은

저 맑고 푸른 하늘 높이

당신 어전까지 날고 싶사옵니다.

하오니 주여!
당신의 무한하신 자비로
우리의 모든 죄를 용서하시옵소서.
당신 은총의 비를 내리사
우리 모두의 죄를 씻어 주소서.

그리하여 당신 빛으로
우리 마음을 환히 밝혀 주시고
당신 평화의 길이 우리 안에
훤히 트이게 하소서.

이렇게 나는 '평화를 위한 나의 기도'를 바쳐 본다. 우리는 지금 모두가 간절한 마음으로 평화를 희구하고 있다.

그런데 우리가 말하는 평화란 무엇을 뜻하는 것일까? 그리고 본능적이든 의식적이든 희구하던 평화를 얻으면, 그것은 과연 영속적일 수 있을까? 또는 그 이전에 오늘의 인간의 사회적 및 실재적 여건에서 평화란 과연 가능한가? 우리는 도대체 어떠한 평화를 소망하고 있는 것일까?

사람마다 제 나름대로의 평화를, 크게는 세계 어느 곳이든 전쟁이 없는 상태라고 할 수도 있겠고, 작게는 각자의 마음에 일상생활의 근심 걱정이 없는 평안한 상태라고도 말할 수 있을 것이다.

혹은 오늘의 경직된 우리 사회처럼 어둡거나 불안하지 않은, 저마다 시민 생활을 보다 자유로운 분위기 속에서 영위할 수 있는 사회 환경이 조성되는 것이라고도 볼 수 있을 것이다. 또는 이 모든 것을 합한 것이라고도 할 수 있을 것이다.

어떻든 현대인은 현대 세계와 사회로부터 받는 일체의 위기와 중압감, 모든 혼란과 불안에서 해방되고 싶어 하는 것은 사실이다. 그 사회가 비인간적이면 비인간적일수록 이 같은 해방을 향한 갈구(渴求)도 그만큼 커질 수밖에 없을 것이다.

이 해방에 대한 갈망은 지성인에게, 그리고 특히 젊은 세대에게 현상적으로도 더욱 강력하여, 그것의 불충족은 하나의 심각한 고뇌와 거의 병적인 내적 갈등을 자아내고 있다.

또 그 이전에 우리 사회와 같이 빈부의 격차가 심한 곳에서는 부(富)의 공정한 분배를 통한 빈곤으로부터의 해방이라는, 어쩌면 인간의 가장 원시적인 문제가 미해결의 장(章)으로 남아 있다.

이 밖에도 여러 가지 형태의 억압으로부터의 해방, 자기 밖에서 오는 억압뿐만 아니라 자기 안에서 일어나는 정신적 억압으로부터의 해방, 더 나아가 삶과 죽음의 공포로부터의 해방 등 인간의 소망은 실로 끝이 없다 하겠다.

'평화의 기도'라든가 '평화의 문제'는 무엇을 말하는 것인가? 그것은 궁극적으로 인간 본연의 기도이고, 인간 본연에 관한 문제가 아니겠는가? 그렇다면 우리가 평화를 간절히 희구할진대, 끝까지 사수해야 할 가치는 결국 인간의 존엄성이고, 그것의 회생이 아니겠는가?

인간 회생(人間回生)의 문제는 비인간화되어 가는 사회 안에서 가장 크고, 가장 핵심적이고, 가장 본질적인 문제라고 볼 수 있다. 인간 회생 없이는 기아(飢餓)를 비롯하여 전쟁이라든가 우리 사회의 부조리, 정치 권력의 물리적 위협으로부터의 인간 해방, 즉 평화를 기대할 수는 없을 것이다. 더욱이 현대의 사회적 소외, 더 깊게는 인간의 실존적 소외로 빚어지는 내적 고뇌, 갈등, 불안, 공포 등으로부터 해방, 다시 말해 참된 평화의 길은 찾을 수 없을 것이다.

우리가 살고 있는 이 땅, 특히 서울은 문자 그대로 초만원이다. 사람들이 넘쳐 나고 있다. 그러나 이런 소용돌이 속에서 우리는 모두 무언가 소중한 것이 자기 안에서 상실되어 가고 있음을 느끼지 않을 수 없다.

인간성! 그렇다. 우리는 모두 이것이 내 속에서 점차 무산되어 가는 공허에 체읍(涕泣)하고 있다. "사람이란 무엇입니까? 왜 삽니까? 왜 이렇게 모두 아귀다툼을 해야만 살 수 있습니까?"라고 진지하게 이야기를 나눌 만한 사람은 거의 없는 듯하다. 때문에 그 많은 사람 속에서 오히려 '내겐 사람이 아쉽다'는 소망의 눈물이 우리 가슴속에 선혈처럼 흐르고 있다.

인간 회생! 나는 이 인간 회생의 문제를 얼마 전에 모두가 목격한 한 사건에서 더듬어 보았다.

지난해 크리스마스, 그날은 바로 모든 이를 위해서, 원수를 위해서까지도 평화와 행복을 빌고 싶던 날이었다. 그런데 바로 그날, 화염에 싸인 대연각에서 백수십 명의 생명이 파리 목숨처럼 불타 죽는 것을 보았다. 또 몇십 명이 대낮에 아스팔트 위에 처참히 떨어져 죽었다.

그것은 곧 근대화의 상징으로 대변되는 고층 건물, 문명의 탑에서의 인간 폭사(暴死)와 추락사(墜落死)였고, 또한 그것은 삶으로의 탈출구가 막힌 채 어디를 향하든 사신(死神)만이 기다리는 실로 진퇴 유곡의 절망적인 상황이었다.

현대 문명의 탑에서의 인간 추락! 그 매카니즘의 심연, 그 화염의 나락에서의 인간의 소사(燒死)……. 이것이 오늘날 인간 실존이라면 과장에 불과한 것일까?

왜 이같이 인간이 인간의 눈앞에서 추락하고 죽어 가야만 했던가? 물질 위주가 아니고 인간 위주였을 때에도 이 같은 참사가 빚어졌겠는가? 인간이 있고 경제가 있는 것이다. 그런데 우리는 언제부터인지 경제가 있고 인간이 있는 양 살고 있다. 경제 발전이 신앙처럼 숭상되고 있다. 건물만이 아니라 저 길, 저 건널목, 저 언덕, 저 강, 저 다리……. 어느 것 하나라도 인간 생명 존중의 손길이 조금만 더 닿았더라면 그런 사고, 그런 참사는 미연에 방지될 수 있었으리라는 한이 너무나 크다.

더 나아가 우리의 정치 체질과 사회 구조가 전근대적 폐쇄성을 탈피하고 권력과 금력이 위주가 아닌 인간 위주로 혁신된다면 오늘과 같이 질식할 듯한 상황에서 참된 인간 구제가 시작될 텐데 하는 아쉬움이 또한 크다.

그런데도 우리는 여전히 물질 우위의 가치관에 사로잡혀 있다. 이런 상황 속에서 인간이 갈 길은 추락사나 소사밖에 더 있겠는가?

그런데 화재 당일 나는 그 같은 광경 속에서 인간이 아주 죽은 것이 아니라는 것을 또한 목도(目睹)했다. 한 사람의 목숨이라도 더 살려야 한다고 가슴 죄며 애태우던 그 무수한 시민들의 표정 속에서, 11층에 생존해 있던 '그 사람'을 구출하려고 총동원된 장비와 온갖 가능한 노력과 지혜와 선의(善意) 속에서, 옥상에 대피해 있던 사람들이 헬기로 차례차례 구출될 때마다 터져 나오던 그 기쁨의 환호성에서, 그리고 한 청년이 헬기에서 내려진 줄을 잡고 매달려 가다가 아차 하는 순간 허공에서 떨어지는 것을 목격하던 시민들의 입에서 절로 터져 나온 "앗!" 하는 울부짖음 속에서 인간은 아직 살아 있다는 것을 보았던 것이다.

그리고 그곳에는 필사적이고 헌신적인 소방대원들을 비롯하여 군·관·민의 차이도, 구호 대상자들에 대한 내·외국인의 차별도 없었다. 모두가 먼저 인간이었고, 한마음 한뜻이었다. 오직 인간의 목숨을 구하는 데에 하늘의 헬기와 땅의 시민이 혼연일체를 이루었다. 우리는 그곳에서 분명히 우리 안에 인간성이 아직 죽지 않았다는 것을 목도했다. 또한 그 날이 휴일이었는데도 즉각 동원된 병원 의료진의 기민한 봉사적인 활동에서, 기쁘게 헌혈하는 사람들에게서, 그리고 무엇인가 도울 것이 없는지 자진하여 찾아온 사람들에게서 흐뭇한 인정과 동포애를 읽을 수 있었다. 그건 바로 숭고한 인간애의 발로였으리라.

이 같은 인간애의 발로는 누구의 명령에 의해서가 아니라 순수한 인간 양심과, 명예나 영웅심과는 거리가 먼 조건 없는 사랑에 의한 것이었다.

나는 그날 '인간은 왜 저렇게 소사되고, 추락되어야 하는가?' 하는 처절한 비애와 함께, 그런 참담한 상황 속에서 눈뜨는 아름다운 인간성을 만남에 눈시울이 뜨거워졌다.

인간 회생! 그렇다. 우리 안에 인간다움이 점점 시들어 가고 인정이 메말라 가고 있는 것은 사실이다. 그렇다고 인간성이 아직 죽은 것은 아니다. 엄동설한에도 아름답게 피어나는 '에델바이스'처럼 아직은 차디찬 눈 속에 덮여 있을 뿐이다. 이제 봄이 오고 그 얼어붙은 외각을 헤치면 솜같이 부드러운 눈 속에서 인정의 꽃, 인간애, 우리의 참다운 인간성은 곱게 움트고 있을 것이다. 따스한 빛을 받으면 곧 피어날 생명이 감추어져 있을 것이다. 우리에게 오직 필요한 것은 우리 서로의 마음 깊은 곳에서 숨쉬는, 이 지극히 소중한 것을, 이 귀한 생명을 무엇으로도 짓밟지 않는 것이다.

감상적인 생각! 실은, 그럴는지도 모른다. 왜냐하면 오늘 아름다운 인간성을 지닌 그 같은 군중이 내일 다른 계기에는 살인·방화도 감행할 수 있는 무서운 군중으로 돌변할 가능성이 없지 않기 때문이다.

사실 대연각 사건은 하나의 더 큰 재앙의 징조에 불과하다고 볼 수도 있지 않을까? 물질 위주의 이 사회 전체가, 이 나라가, 더 나아가 무서운 핵무기를 보유한 전 세계가 인간을 소사와 추락사로 끝내게 할 '대연각', 즉 인퍼노우(inferno, 지옥)로 화하지 않는다는 보장은 없다. 혹은 아우슈비츠의 비극이 다시는 역사상 되풀이되지 않는다고 누가 보장할 수 있는가? 이미 많은 선각자들은 이런 무서운 가능성에 대해서 예언자적인 경고를 하고 있다.

인류 세계의 미래를 이렇게 어둡게만 볼 필요는 없기도 하다. 사실 많은 현상이—비록 지금은 부정적인 것일지라도—보다 나은 미래를 약속하는 것같이도 볼 수는 있다. 하지만 만의 하나라도 오늘의 이 정신 공백에서 오는 인간의 우둔과 교만이 세계를 불바다로 만들었을 때, 거기서도 인간은 삶으로의 탈출구를 찾을 수 있으리라 믿기는 매우 힘들다.

그럼 누가, 무엇이, 우리를 이 위험에서 미리 건져 줄 수 있는가? 선진 민주주의? 자유주의? 유엔? 사회주의? 공산주의? 그 어느 것도 우리가 찾는 답을 주지는 못할 것이다. 나는 특히 유물론적 공산주의는 그 답을 지니지 못할 뿐만 아니라 인간을 비인간화로 만드는 가장 무서운 주의요 정치 체제임을 확신한다. 공산주의 세계 속에는 아직도 참혹성과 잔인성의 차이가 있을 뿐, 아우슈비츠와 근본적으로는 같은 죽음의 수용소들이 무수히 상존해 있음을 알고 있다. 그 전체가 하나의 거대한 수용소라 해도 지나친 말이 아닐 것 같다.

우리는 또한 고도의 산업 사회 속에서 그 물량적·기술적 조직과 구조, 이를 바탕으로 한 권력 정치 체제 속에서 인간의 비인간화를 목도하고 있다. 우리와 같은 개발 도상국이나 후진국은 그것을 가장 큰 미래상과 목표로 삼고 있고, 선망까지 하지만, 그런 사회에서는 오히려 솔제니친 같은, 죽음을 넘어선 인간 부활의 깊은 정신을 낳을 수도 없으리만큼 모르는 사이에 안일한 생활로 비인간화가 모든 인간 속에 고르게 스며들지나 않는지 의심스럽다. 인간 스스로가 의식하지 못하는 가운데 스며들고 있기 때문에 그 결과는 더 무서울지도 모른다. 고도의 기술 발달이 정신적인 공백을 오히려 심각하게 초래함이 사실이기 때문이다. 그러나 이런 사회에 아직도 희망을 걸 수 있다면, 그곳에는 비판적 정신 혹은 마르쿠제(H. Marcuse, 1898-)가 말하는 '부정적 사유의 힘(The power of negative thinking)'이 진정한 의미의 언론 자유를 통하여 새로운 인간다운 인간 사회 창조의 세력으로 아직 살아 있다는 것이다.

전체적으로 현실의 인간 사회를 보다 나은 인간 사회로 계속 개조해 나갈 수 있느냐 없느냐는 그 사회의 구조와 조건이 우선 인간 생활의 일차적 차원에서도 인간으로서의 기본 자유를 얼마만큼 향유할 수 있게 하느냐 여하에 많이 달려 있다. 권력은 부패하기 마련이라지만, 정치 세력이 부패하여 이 같은 상황을 전혀 무시한다든지 혹은 맹목적인 물리적 억압으로 타락하면, 그런 사회의 미래는 참으로 암담하다. 그러나 더 큰 문제는 한 사회의 구조만으로 그치고 마는 것이 아니라는 데 있다.

대연각의 참사는 한 인간 내부에서도 일어날 수 있다. 인간은 얼마든지 자기 안에서 소사와 추락사로 그칠 수 있다. 우리는 실상 많은 이가 자기 안에 불타는 고뇌를 이기지 못하여 참된 삶으로의 길을 찾지 못하고 죽음의 나락으로 떨어지는 것을 목도하는 경우가 적지 않다. 나는 반드시 생활고나 혹은 사회적 소외가 인간을 자살로 이끄는 경우만을 생각하는 것이 아니다. 그 이상의 인간의 실존적 소외, 빛을 잃고 인생을 부조리로밖에 보지 못한 가운데 깊은 고뇌에 빠진 사람들을 생각하게 된다. 돈이나 권력은 물론이요, 자기 지위도, 명예도, 지식도, 사랑도, 종교도, 모든 것이 헛되고 삶 자체가 도시 무의미해 보일 때 그런 인간의 참상은 대연각의 참사에 비길 바가 아니다. 세계가 송두리째 불탄대도 무관심해질 만큼 절망에 빠진 것이다. 민주주의든, 공산주의든, 의회 정치든, 독재든, 그런 사람에게는 다 상관 없다. 언론 자유가 있든 없든, 신이 있어도 그만, 없어도 그만이다.

이렇게 문제가 극까지 이른 사람이 현실에 얼마나 존재하는지, 혹은 그런 상태가 적어도 한 인간 안에 완전히 동결되어 어떠한 빛도 이를 녹일 수 없는지 사실 나는 의심한다. 그러나 그렇게 표명하는 사람과는 드물게나마 대면한다. 그런데 내가 그런 사람과 대화하고 느끼는 것은, 이같이 자기 생각을 절망의 극까지 이끌고 가는 것은 어떤 의미로 자기 기만이 아닌가? 오히려 그의 심리의 심층에는 빛이 없는지, 삶의 의미는 참으로 없는지, 더욱 추구하고 있는 것이 아닌가 생각하게 한다.

아무튼 대연각 못지않게 자신의 실존 내부에서부터 고뇌에 불타는 사람, 그것으로 소사되고 추락사 하는 사람은 적지 않다. 땅으로도, 하늘로도 삶의 탈출구가 닫혀 있기 때문이다. 그러면 누가, 무엇이 그를 이 절망의 나락에서 건질 수 있는가? 현세적인 것, 시간적인 것에서는 그런 상황의 인간을 구할 무엇을 찾을 수 없다. 그 굳게 닫힌 마음의 문을 열 열쇠는 없다.

결국 그런 절망의 사람을 구할 수 있는 것은 '영원한 자의 빛' 뿐이다. 한마디로 영원에 대한 신앙이 없으면 이 시간 속에서는 인생과 사물의 궁극적 의미를 찾을 수 없다.

한 5, 6년 전 유고슬라비아의 문인 미하일로프는 '모스크바의 여름'이라는 기행문을 발표함으로써 '제2 질라스' 사건을 터뜨렸다. 그는 구금되고 옥고까지 치렀다. 그는 서슬이 퍼런 독재의 탄압을 받으면서도 다음과 같이 말했다.

"불멸의 혼을 믿지 않는 곳에서는 자유를 위한 투쟁도 무의미하다." 이것은 유물론적 마르크스 레닌주의에 대한 근본적인 저항이다. 그 배리(背理)에 대한 진리의 힘찬 절규다.

인간에게는 확실히 육체를 넘는 정신이 있다. 또한 이 정신의 바탕에는 불멸의 무엇이 내재해 있다. 참된 인간 회생은 자신 안에나 시간적, 물질적인 것을 초극하여 더 깊이 육체적인 생명까지 초극하여 이 신적(神的)인 불멸의 혼을 깊이 인식할 때, 그 신비에 접할 때 시작된다.

프랑스의 사상가 레옹 블루아(Léon Bloy, 1846-1917)는 말했다.

"인간은 빵 없이도 살 수 있다. 술, 집, 사랑, 행복 없이도 살 수 있다. 그러나 인간은 신비 없이는 살 수 없다."

블루아가 말하는 신비란 무엇을 뜻하는가? 여기서 그 신비에 대한 긴 설명을 할 수는 없다. 또 할 수 있다손 치더라도 그것은 현실에 매어 있는 많은 현대인에게는 이해하기 힘들고, 때로는 냉소의 대상이 될 수도 있다. 어떻든 블루아가 말하는 신비는 실증주의자들에게는 거부되고 있는 절대자의 신비, 초자연적이면서도, 동시에 자연 깊이 존재하는 창조자의 신비이다. 그것은 블루아 자신의 고백대로 그리스도가 말한 그 하늘나라의 신비다. 그 신비는 세상의 빛이요 생명인 그리스도 자신이다. 그러나 현세는 옛날이나 지금이나 그를 쉽게 알아보지 못한다(요한 1장).

성웅 간디는 "하느님의 존재를 부정하는 자는 자신의 존재를 부정하는 자다. 하느님의 존재를 의심하는 자는 자멸한다. 우리가 존재함은 하느님이 존재하기 때문이다"라고 했다.

아무튼 확실한 것은 – 적어도 나로서 확신하는 것은 – 우리 안에 들어

온 이 영원한 생명의 긍정 및 이것과의 참된 대면 없이는 현세는 구제의 길이 없다는 것이다. 역사는 의미를 잃고 공전하는 것이란 결론밖에 나지 않는다. 인간 존엄성의 근거도 없고 우리 각자는 끝까지 사수해야 할 아무것도 가지지 못한다. 부조리와 허무주의만이 인생을 지배하게 될 것이다.

사실 세상에는 무수한 사람이 살면서도, 또 그중에는 입신양명한 저명한 이가 많으면서도 평생을 통하여 이 신비와의 대면의 체험 없이 요람에서 무덤으로 가는 이들이 적지 않다. 그들에게는 현실적인 것, 실증적인 것, 눈으로 볼 수 있고 손으로 만질 수 있는 것 외에는 모두가 쓸데없는 것이요 허무이다. 하지만 참된 인간, 참으로 인간으로 살고 있는 사람들 즉 '그들의 영혼을 헛되이 받지 않은' 이들은 진리를 찾을 때까지 '버려진 존재들'처럼 번민하고 체읍하고 방황하는 사람들이 있다. 이들은 마음으로 가난한 사람들이다. 그들도 또한 다른 모든 인간과 같이 결국엔 먼지로 돌아간다. 그러나 그 먼지는 인류의 미래를 영원히 하늘나라까지 이어 주는 은하수가 될 것이다. 평화의 무지개가 될 것이다.

> 마음이 가난한 사람은 행복하다.
> 하늘나라가 그들의 것이다.
> 슬퍼하는 사람은 행복하다.
> 그들은 위로를 받을 것이다.

온유한 사람은 행복하다.

그들은 땅을 차지할 것이다.

옳은 일에 주리고 목마른 사람은 행복하다.

그들은 만족할 것이다.

자비를 베푸는 사람은 행복하다.

그들은 자비를 입을 것이다.

마음이 깨끗한 사람은 행복하다.

그들은 하느님을 뵙게 될 것이다.

평화를 위하여 일하는 사람은 행복하다.

그들은 하느님의 아들이 될 것이다.

옳은 일을 하다가 박해를 받는 사람은 행복하다.

하늘나라가 그들의 것이다. (마태 5,3-10)

● 「창조」, '평화를 위한 나의 기도', 1972. 3.

루르드 동굴 아래서

여기 하늘의 어머니 앞에
촛불이 타오른다.
간절한 기도, 온갖 소망을 담은 기원이 불탄다.
가브 강의 고요한 물소리
왠지 눈물이 흐른다.
여기 어머니 앞에
마음속 깊이 하염없이
아프고 맺힌 눈물이 흐른다.
따스하고 기쁜 감사의 눈물이 흐른다.
성모여, 우리나라와 우리 겨레를 구하소서.
우리 교회를 더욱 맑게, 빛나게 하소서.
이 역사의 오밤중에 길을 밝혀 주소서.

성모여, 해 뜨는 동녘 하늘의 별이여!

● 루르드에서, 1972. 11. 6.

하느님의 사랑

모든 노래를 다 부른 후에

이제는 부를 노래도 없습니다.

하늘의 아름다움

땅의 아름다움

예술이 다 그리고

시가 다 읊은 후에

이제는 더 그릴 것도 읊을 것도 없습니다.

허나

슬픔만은 아직도 남아 있습니다.

부르고 또 불러도

남은 것은 슬픔인가 봅니다.

하느님의 사랑

하느님이 나를 사랑하신다.
누가 나를 사랑한다 해도 이보다
더 귀한 것 없다.
하지만 믿음이 약한 탓인가
하느님의 사랑 앞에
나는 깨어진 질그릇 같다.
하느님에게 겸손되이 의탁하는 것밖에
도리가 없다.

● '사랑', 1977

수도자, 그대는

수도자란
모든 것을 떠나
오직 하느님이
우리에게 주시는 사랑에만 의탁하는 사람이다.

수도자!
하느님과 그대,
그대 속에는
그분밖에 다른 아무것도 없고
오직 그분 안에서만
그대는 있나니
그분과 그분의 모든 것이

그대의 것이요,
그대와 그대의 모든 것이
그분의 것이니라.

수도자,
하느님 없이
그대는 무엇인고?
수도자,
하느님과 함께
그대는 무엇인고?

하느님이 그대에게
그대의 길을 가르치신다고 믿는다면
그분을 신뢰하고
그대, 그 길을 가야 하네.
하느님이
그대가 머물러 있는 것을 가르치신다고 믿으면
그분을 신뢰하여 거기 머물러 있게.

하느님이 그대를 인도하는 곳으로

그대 떠나갈 때에는
그분으로부터 떠나 그곳으로 가게.
그대 머물러 있어야 할 때에는
비록 눈물을 흘리는 아픔이 있을지라도
하느님 곁에 머물러 있게.
그럼 그대는
하느님이 원하시는 곳에 있게 되고,
그분의 평화를 누릴 수 있는 곳에
있게 될 것이네.

수도자,
그대, 모든 것을 떠난 사람아!
수도자,
그대, 떠난 사람아!
수도자여,
그대, 고독한 사람아!
두려워하지 말라!
아무것도 잃은 것 없으니.
그분이 계시고
그분이 그대를 사랑하시나니.

그대! 그대를 사랑하는 분을
사랑하면
그분이 곧 그대의 것이고
그대! 그대를 사랑하는 분을
사랑하면
그분이 사랑하는 모든 것이 곧 그대의 것이니.

수도자,
그대, 모든 것을 떠난 사람아.
수도자,
그대, 떠난 사람아.
수도자,
그대, 고독한 사람아.
기뻐하라!
백 배의 상급을 그대 받을 것이며
또한 영생을 얻으리니……

수도자!
그대, 하느님을 만나려면
그분을 위해 그대의 모든 문을 열고

어느 때 오시든지
그분이 들어오실 수 있게 하여야 하느니라.
오직 그럼으로써
모든 선물, 사랑과 함께 오시는
그분의 참된 모습을 볼 수 있느니라.

그대와 마주치는 모든 것 안에
"나 여기 있다"고
하느님은 말씀하시나니,
모든 것 안에서 그대를 기다리는
그분 자신을 만나며
그분은 그대로부터
"하느님, 저 여기 있습니다"라는
말을 듣기를 원하시기
때문이니라.

● 1978

침묵은 밤이다

침묵은 밤이다.
달도 별도 없는 캄캄한 밤처럼
아무도 없고 오직 너 홀로일 때
너는 저주받은 자
너는 아무것도 아닌 존재
아무도 너를 필요로 하지 않는
그때에 거기에는 무서운 침묵이 있다.
침묵밖에 다른 것이 없기에
침묵밖에 다른 것이 있을 수도 없기에
너의 눈을 뜨고, 귀를 쫑긋 세워도
그저 그것뿐이다.
희망도 쉼도 없다.

빛이 없고 희망도 없는 밤
나는 용서도 사랑도 없이
나의 죄 중에 홀로이다.
주여, 우리에게 용기를 주소서.
결단의 용기와 자제의 용기를 주시고,
더 큰 사랑과 더 큰 진실성을 주소서.

● 1979

주여, 평화를 주소서

주여, 평화를 주소서.
당신을 떠나면 마음은 안정을 잃고 부서지고 마는 것을.
성 아우구스티노의 말씀이 진실입니다.
당신께 가서 쉬기까지는 어디서도 평화로울 수 없습니다.
주여, 당신은 제 안에 계십니다.
이를 믿습니다.
아우구스티노도 내 안에 계시는 분을 내 밖에서 찾았다고 하였습니다.
지금 이 불안과 어두움은 저의 탓인 줄 압니다.
저의 마음의 무질서가 낳는 결과인 줄 압니다.
저는 참으로 누구를 사랑할 수 있습니까?
사랑이란 감정이나 육정이 아니겠지요.
더욱이 욕정은 아니겠지요.

그런데 인간과 인간의 사랑은 이런 것이 뒤범벅이 되어 있습니다.

그리하여 결국엔 욕정의 노예가 되고 맙니다.

언제 순수한 사랑을 가질 수 있습니까?

● 1983. 6.

주님의 평화

이 땅에
사랑을 심어 주시고
사랑을 꽃피우시고
사랑으로 모든 이를 불러 모으신
아기 예수님이 오신 날입니다.

감사로운 새해에도
님 포도 잔에
우리 모두의 사랑의 노고를
담아 드리도록
기도하며 사랑하는 나날 되시옵길
함께 기원해야 하겠습니다.

주님의 평화가
여러분과 함께!

● 성탄 카드, 교도 사목회, 1992. 12. 25.

5월이 다 가기 전, 성모님께 찬미를

성모님,

자애로우신 어머니, 하늘의 모후이시여,

세상에서 가장 아름다운 여인도

당신의 아름다움에는 비길 수 없고

가장 순결한 여인도

당신의 순결하심에 비길 수 없습니다.

무엇보다도

어머니의 자애로우심을 어느 어머니가 따를 수 있겠습니까?

오! 거룩하신 천주의 모친 마리아님,

당신이 그리스도의 어머니이시고

그리스도께서 우리의 형제 되시기에

당신은 우리 모두의 어머니이십니다.
그렇게 당신의 아들 그리스도는
십자가에 못 박혀 형언할 수 없는 고통 중에 계시면서도
당신의 어머니를 사랑하는 제자 요한을 통해
우리 모두의 어머니로 주셨습니다.
성모님,
사랑하는 어머니,
그때부터 어머니는
우리 인간을 당신 품에 안아 주셨습니다.
죄 많은 우리 인간을 위해 끊임없이 빌어 주십니다.

참으로 좋으신 어머니,
무슨 말로 어머니의 사랑을 표현할 수 있겠습니까?
어머니의 거룩하심,
어머니의 순결하심,
어머니의 한없는 자애를,
어머니의 크신 믿음과 깊은 겸손을,
누가 있어 이를 다 표현할 수 있겠습니까?

은총을 가득히 입으신

어머니의 아름다움과 덕을 기린 시가 있고
음악과 그림도 수없이 많사오나
그 모든 것도
어머니의 높고 깊고 넓은 사랑, 거룩하고 아름다우심을
남김없이 표현하기에는 부족할 것입니다.

어머니,
죄 많은 저,
어머니 앞에 고개도 들 수 없사오나
정성을 다하여 마음의 꽃다발을 바치고자 합니다.
백합이 좋겠습니까?
장미가 좋겠습니까?
당신의 고결하심에 맞갖은 꽃은
이 세상 어디에서도 구할 수 없을 것입니다.
어머니,
당신이 원하시는 것은 꽃이 아닐 것입니다.
마음일 것입니다.
그리스도께서 지니셨던 그 마음을 우리 모두가 간직하는 것,
그분의 겸손과 그분의 비우심,
가없는 사랑의 마음을 본받는 것,

그리하여 그리스도를 닮은 사람 되는 것,
그것만이 어머니, 당신의 간절한 바람일 것입니다.

오! 너그러우시고 자애로우시며 아름다우신 동정 마리아,
하늘의 여왕이시여.

● 1997. 5. 29.

제3장

오직 당신 것이오니 도로 받으시옵소서

오직 당신 것이오니
도로 받으시옵소서

하느님의 사람아, 노래를 들려 다오!
겨레를 가족보다 더 사랑하신 장준하 선생
한국 가톨릭 사상의 선구자 윤형중 신부님
이 겨레, 이 땅을 사랑한 이방인
무슨 말로 그들의 넋을 위로할지 모릅니다
운석 선생님의 영복을 빌면서
박종철 군의 죽음을 민주 제단에 바친다
민주의 새벽을 연 성직자
북만주에서 57년 만에 돌아오신 김선영 신부님
어디 가면 너를 볼 수 있니
밀알이 썩어
주님의 은혜에 보답한 생애

하느님의 사람아, 노래를 들려 다오!

"받으시옵소서. 황금과 유향과 몰약은 아니더라도 여기 육신이 있습니다. 영혼이 있습니다. 본시 없던 나 손수 지어 있게 하시고 죽었던 나 몸소 살려 주셨으니 받으시옵소서. 님으로 말미암은 이 목숨, 이 사랑, 오직 당신 것이오니 도로 받으시옵소서."

시인이며 사제인 영성 신학자

친애하는 형제자매 여러분, 이렇게 읊으신 시의 말씀 그대로 우리의 스승이시요 목자이시며, 선배요 동료 사제인 최민순 신부님은 지난 19일 (1975. 8.) 밤 홀연히 주님의 부르심을 받고 주님의 품 안으로 돌아가셨습니다. 이제 우리는 우리가 존경하고 사랑하던 그분과 이 미사를 바침으로 지상에서는 마지막인 고별의 인사를 드리게 되었습니다.

40년의 사제 생활을 통해서 영성 신학자이기도 하신 신부님이 사랑하는 한국 교회에 남기신 업적은 영적으로 깊고 큽니다. 은수자와 같이 숨어 살다시피 하시고 좀처럼 대중 앞에 나서기를 싫어하셨지만 신부님은 그 명강론을 통해서, 글과 시를 통해서, 영성에 관련된 역서를 통해서, 수많은 구도자, 신자, 수도자, 성직자에게 하느님의 사랑을, 생명을, 그 빛을 전달해 주셨습니다.

무엇보다도 이십 년이 넘는 세월 동안 가신 그날까지 신학교 교수로 봉직하시면서 사제 양성에 헌신하신 것과 우리들이 일상 기도로 바치는 성서의 시편을 번역해 주신 것은 우리 모두가 길이 기억해야 할 은공이라 아니 할 수 없습니다. 최민순 신부님은 널리 알려진 시인이며 사제입니다. 그러나 무엇보다도 신부님은 하느님의 사람이었습니다.

"하느님의 사람아, 노래를 들려 다오. 어둠과 죽음을 떨치고 일어설 빛과 생명의 노래를 불러 다오." 신부님은 당신의 제자인 한 젊은 사제의 시집 서문에서 기원하시며 이렇게 외치셨습니다. 그런데 신부님 스스로가 바로 이러한 '하느님의 사람'이었습니다. 신부님은 참으로 사제이시기에 하느님의 사람이었고 하느님의 사람이시기에 당신의 사모하던 성 아우구스티노와 같이 주님을 "사랑 속에서 찬미하고 찬미 속에서 사랑하셨습니다." 신부님은 주님을 사랑하고 찬미하는 데 싫증을 모르고 지칠 줄 모르셨습니다. 그러시기에 신부님은 "야훼는 나의 목자 아쉬울 것 없노라"라는 시편 22편을 즐겨 부르셨습니다.

"파아란 풀밭에 이 몸 뉘어 주시고 고이 쉬라 물터로 나를 풀어 주시니, 내 영혼 싱싱하게 생기 돌아라." 이렇게 신부님은 하느님 앞에 어린 양과 같이 순하고 겸손하셨습니다. 하느님께 모든 것을 믿고 맡기며 살아오셨습니다. 신부님의 하느님은 엄격한 조물주, 형이상학적 절대자만이 아니었습니다. 착한 목자시고 아버지이셨습니다.

몽매에도 잊을 수 없는 '님'

하느님은 신부님의 동경, 신부님의 꿈, 신부님의 소망, 신부님의 사랑 전부였습니다. 성녀 데레사와 같이 "오직 하느님만으로 족하다"고 하시면서 그렇게 남을 가르쳤을 뿐 아니라 당신의 신념으로 삼으셨습니다. 한마디로 신부님께 하느님은 사랑하는 '님'이십니다. 몽매에도 잊을 수 없는 보고 싶은 그 '님'이십니다. '밤' 그리고 '받으시옵소서'로 시작되는 유시는 이를 잘 증명하고 있습니다. 이 하느님을 떠나서 신부님은 문자 그대로 달리 당신의 삶의 의미나 존재의 가치를 찾지 못했습니다.

이 영성의 깊이, 이 신앙의 깊이는 참으로 우리 모두가 본받고 따라야 할 귀감이 아닐 수 없습니다. 영성이 메말라 가고 영성에 굶주리는 한국 교회로서는 참으로 아쉬운 분을 잃었습니다. 신부님도 인간으로서는 쉽게 죽음을 맞이할 수 없었을지 모르겠습니다. 그러나 이미 오래전부터 주님과 대월(對越)하는 이 시간을 위한 마음의 준비를 하고 계셨습니다.

유시 '받으시옵소서'가 그렇고 작년 사순절 바로 이 자리에서 특별 강론을 시작하시면서 그것이 당신 생애의 마지막 사순절 특별 강론이 될 것이라고 예언하셨습니다. 뿐만 아니라 금년 「사목」 1월호에 '마지막 성년'이라는 제목 아래 쓰신 글에서는 "정녕 내 평생에 마지막 주 후 1975년 성년이야말로 하느님 아버지를 우러러 실컷 한번 솟구쳐 보고 싶은 세로의 마음, 골고타에서도 감사와 사랑을 외치며 죽고 싶은 생명이다"라고 하셨으니 마치 이 성년에 하느님께 솟구쳐 오르는 기도와 같이, 비둘기와 같이 저 하늘 높이 주님의 품으로 영영 깨끗이 돌아가시기를 원하신 것처럼 말씀하셨습니다. 이제 신부님은 당신이 원하신 대로 가셨습니다.

"죽음의 그늘진 골짜기를 간다 해도 당신 함께 계시오니 무서울 것 없나이다." 시편을 읊으며 가셨습니다(시편 22). "나아가리이다. 내 기쁨, 내 즐거움이신 하느님께 나아가리이다. 내 영혼아, 어찌하여 시름에 잠겨 있느냐……. 하느님께 바라라. 내 다시 그 님을 찬미하게 되리라."(시편 42, 4-5) 이렇게 노래 부르며 가셨습니다. 이제는 주님과 대면한 영복 속에서 신부님은 "한평생 은총과 복이 나를 따르리니, 오래오래 주님 궁에서 살으오리다"라고 끝없이 끝없이 사랑 속에 주님을 기리시리라 믿습니다.

친애하는 형제자매 여러분, 신부님의 작고를 애도하면서 이 시간 우리는 물론 신부님을 위해서 기도드려야 하겠습니다. 그러나 동시에 우리를 위하여 기도해 주실 것을 빌어야 하지 않을까 생각합니다. 그래서 "하느님의 사람아, 노래를 불러 다오. 어둠과 죽음을 떨치고 일어설 빛과 생명의 노래를 불러 다오." 이렇게 우리를 위해 아직도 죽음의 질곡과 어둠을 벗어나지 못한 우리를 위해 주님께 기도해 주실 것을 주님 대전에 나아

가신 요한 최민순 신부님께 기원합니다.

   주여, 영원한 빛으로 저를 비추어 주소서. 또한 여기 모인 우리 모두를 비추어 주소서. 아멘.

● 최민순 신부님 장례 미사, 1975. 8. 23.

겨레를 가족보다 더 사랑하신 장준하 선생

장준하 선생님을 두고 민족주의자라 부를 수도 있고 민주주의 신봉자 또는 반독재 투사로 부를 수도 있겠습니다.

제가 장 선생님을 그분 생전에 불과 이삼 차 뵈옵고서 그중에서도 단둘이 이야기를 나누어 보기는 한 번뿐이면서 그분에 대해서, 더욱이 그분 인품에 대해서 평할 수는 없다고 생각합니다. 그러나 선생 친히 지으신 〈돌베개〉와 그분을 잘 아시는 몇 분의 글을 읽고서 제가 가진 소감은 장 선생님은 정말 애국자이셨다는 것입니다. 장 선생님은 이 나라와 이 겨레를 당신 자신보다도 당신 가족보다도 더 사랑하신 분이십니다. 장 선생님도 인간으로서 그것을 야망이라면 야망, 웅지라면 웅지, 보는 사람에 따라서 각각 달리 부를 수 있는 뜻과 포부를 가지셨으리라 생각합니다. 그러나 그 어느 것도 그분의 나라 사랑 그분의 겨레 사랑보다 더 클 수는 없었던 것 같습니다.

투옥, 가난, 박해 속에 오로지 겨레 사랑

나라 사랑에서 그분을 떼어 놓을 수 있는 것은 아무 것도 없었습니다. 온갖 시련과 고통, 가난과 굶주림 등 박해의 위협도 투옥의 위협도 죽음까지도 나라를 위하고 겨레를 위한 길에서 그분을 떼어 놓을 수는 없었습니다. 이 나라가 참으로 통일되고 하나가 되는 것, 하나가 되되 밝고 의롭게 하나가 되는 것, 이를 위해 장준하 선생께서는 불의와 부정, 독재와 싸우시며 매일매일을 자신을 불사르고 자신의 전부를 바치며 살아오셨습니다.

현실의 가치 판단으로 볼 때는 이 같은 선생님의 생활은 실패로밖에 보이지 않을지 모르겠습니다. 당신이 그렇게 이룩하고 싶고 보고 싶던 조국의 통일은 아직도 이룩되지 않았고 옥고를 치르시기까지 이룩하고 싶던 자유 민주주의와 이를 터전 삼아 이룩하고 싶던 의롭고 밝은 국가 사회 건설은 요원하게만 보입니다. 그러나 정의로운 사람 진리에 충실코자 한 사람의 생활치고 현실의 가치관으로 볼 때에 실패하지 않은 것이 없습니다.

선생님이 평생을 믿고 따랐던 스승 예수의 생애가 그랬고, 그의 제자들의 생애, 그 뒤를 이은 무수한 성도들, 순교자들의 생애가 그러했습니다. 많은 순국 선열들이 그러했습니다. 그러나 과연 이분들의 생애가 실패입니까? 그렇지 않습니다. 그들이야말로 세상의 어둠을 밝힌 빛입니다. 인류가 실의에 젖을 때 그 실의에서 일으켜 주는 희망이요 구원의 힘입니다.

선생님이 보신 한국의 분단은 휴전선만이 아니었습니다. 빈부의 격차 속에 권리를 빼앗긴 대중과 이를 빼앗은 계층 사이에서 민족의 보다 깊은 분단을 보았고 민권이 회복되고 영세 서민들의 생계가 해결되는 데 민족 통일의 지고한 과업이 있다고 보았습니다. 이렇게 장준하 선생의 뜻이 숭고하였습니다.

오늘 우리는 장준하 선생님을 추모하면서 이분의 이 같은 고매한 뜻, 나라 사랑과 겨레 사랑을 이분이 우리에게 남겨 주신 정신적 유산을 마음속 깊이 새겨야 하겠습니다. 그분의 참된 크리스천적 사랑, 정의감, 진리에 대한 성실을 우리는 배워야 하겠습니다.

● 장준하 선생 2주기 추모 미사, 1977

한국 가톨릭 사상의 선구자
윤형중 신부님

친애하는 형제자매 여러분!

오늘 이 시간에 우리는 우리가 평소에 존경하여 마지않던 고 윤형중 마태오 신부님과 마지막 하직 인사를 나누며 고인의 명복을 비는 고별 미사에 참례하고 있습니다. 교회 안에서는 물론이요 사회적으로도 널리, 깊은 존경과 사랑을 받으시던 윤 신부님이 남기신 그 업적을 우리는 이 시간에 다 기릴 수 없습니다.

해박한 신학 지식으로 가톨릭을 대변

신부님은 말씀과 글로써 평생을 복음 전파에 몸 바치신 분이었습니다. 이 땅의 복음 선교는 평생을 두고 신부님의 마음을 사로잡은 간절한 뜻이었습니다. 그만큼 열정과 사랑으로써 이 겨레의 복음화, 이 민족의 구원에 당신 전부를 바치신 분이십니다. 우리는 이분을 가리켜 명강론가라고도 할 수 있고 탁월한 교리 교사, 한국 가톨릭 사상의 선구자, 한국 교회의 정신적 대변인, 진리의 증거자, 정의의 투사 등 여러 가지 말씀으로써 찬사를 드릴 수 있을 것입니다. 그러나 신부님이 얼마나 복음을 전하는 데 헌신하셨는가를 생각하지 않는다면 이 모든 아름다운 찬사도 이분에 대해서 다 말한 것이 못 됩니다.

신부님은 임종이 가까워 오는 마지막 병상에서도 주님의 말씀을 전하는 전교에 늘 큰 관심을 가지셨습니다. 이것은 제가 직접 신부님의 병상 머리맡에서 신부님이 하신 말씀에서 얻은 확신입니다. 언젠가 전국 방방곡곡에 예배당이 많이 들어서 있는 것을 보신 신부님은 이렇게 말씀하셨습니다. "결과적으로는 좋은 일이야, 누구를 통해서든지 예수님의 복음 말씀이 전파되니까."

윤형중 신부님은 가톨릭을 수호하고 변론하는 데는 추호의 양보도 없으실 만큼 철두철미한 가톨릭이시고 또 해박한 신학 지식과 정연한 이론의 전개로 가톨릭을 반대하는 누구와도 두려움 없이 맞서실 만큼 가톨릭 정신이 투철하신 분이었습니다. 그리고 사제이십니다. 어떻게 보면 가톨릭 보수라고도 할 수 있는 분이 윤 신부님이기도 했습니다. 그분의 입에서 이제 말씀드린 것과 같은 그런 말씀이 나왔습니다. 이것은 결국 복음 선교에 있어서의 신부님의 열망이 얼마나 컸는가를 잘 말해 주는 것이라 생각합니다.

"만일 내가 복음을 전하지 않는다면 내게 앙화로다"라고 하신 사도 바오로의 열성, 바로 그것이 윤 신부님의 정신이었습니다. 신부님은 참으로 한국의 사도 바오로였다고 말해도 과언이 아닐 것입니다. 제가 직접 신부님을 주교관에 모신 마지막 11년, 그중에서도 최근 수년은 모든 것에서 진정 해탈된 맑고 깨끗한 삶을 사셨습니다. 이 기간에 신부님이 지니신 것은 오직 사랑뿐이었다고 말씀드리고 싶습니다.

나라에 대한 사랑, 겨레에 대한 사랑, 교회와 이웃에 대한 사랑, 한마디로 하느님과 이웃에 대한 사랑이었습니다. 그러기에 신부님은 당신 자신에 대해서는 거의 생각지 않으시고 오직 남을 위하고 남을 위해서 당신의 무엇을 조금이라도 주는 그런 청빈의 삶을 이어 오셨습니다.

신부님이 말년에 민주 회복 국민 회의에 참여하시고 한때 그 대변인이 되신 것도 어떤 정치적인 야심이라든지, 사회적 명성에 대한 욕망에서가 아니라 오직 이 나라와 이 겨레를 사랑하시면서 억눌리고 약한 자, 소리 없는 사람들의 목소리라도 대신 되시겠다는 사랑에서였습니다. 이런 신부님의 정신은 그 유언에서 잘 드러납니다.

어두운 사회 속에 훨훨 타던 횃불

신부님은 당신 방의 가재도구라야 별것이 아니었지만 그 모든 것이 당신 것이 아니라는 것을 유언에서 먼저 밝히셨습니다. 그리고는 당신이 교구 경리국에 맡겨 놓으신 얼마 되지 않는 헌금 중에서 백만 원은 국제 사면위 한국 위원회에 보내 달라고 하시고 나머지는 당신이 임종하실 때까지 돌보아 주신 분과 간호사에게 후하게 대접하고 또 혹시 남는 것이 있으면 당신을 위한 미사 예물에 써 달라는 것입니다.

국제 사면위 한국 위원회는 여러분이 아시다시피 정의와 인권을 위해서 싸우다가 투옥된 분들의 사면과 또는 고통받고 있는 가족들을 물심양면으로 돕는 기구입니다. 신부님이 이 위원회에 당신이 남겨 놓으신 금전의 거의 대부분을 내놓으신 것은 오직 복음의 말씀대로 정의를 위해 일하다가 박해를 받는 이들의 고통을 형제적인 사랑으로 나누고 그 사랑에서 이들을 돕겠다는 복음적 정신에서였다고 믿습니다.

그리고 억울하게 희생당하는 사람이 한 사람도 이 땅에 없을 만큼, 이 나라, 이 사회가 의롭고 밝으며 약한 자의 권리를 존중할 줄 아는 나라와 사회가 되기를 비는 일념에서였다고 믿습니다. 그뿐 아니라 신부님은 이 유언에서도 당신의 병이 무거움을 아시고 입원하시기를 사양하셨습니다. 저는 물론 이 뜻을 존중하면서도 그대로 해 드리지 못하고 입원시킬 수밖에 없었습니다.

그런데 신부님이 입원을 사양하신 이유는 역시 남을 생각해서였습니다. 당신 자신은 불치의 몸인 줄 이미 잘 아시고 그런 당신이 입원해서 병원의 침대를 차지하고 있는 것보다는 다른 사람이 그 자리에서 병원 진료의 혜택을 받는 것이 낫다고 여기신 뜻에서였습니다. 그뿐 아니라 당신 때문에 남이 수고하는 것도 괴롭게 여기셨습니다. 그래서 돌아가신 후 당신의 시신을 모신 곳에서는 누구도 밤샘을 해서는 안 된다고까지 말씀하셨습니다.

그러나 이 말씀도 제가 따를 수 없다고 미리 말씀드렸습니다. 이 같은 신부님의 배려, 언제나 남을 먼저 생각하시고 당신 자신을 뒤로 미루는 것은 남을 자기 몸같이 사랑하라는 복음적 사랑의 실천입니다.

그리고 그 유서의 말씀 중 무엇보다도 감명 깊은 것은 "내가 누구의 마음을 상해 준 일이 있으면 진심으로 사과하는 바이니 용서해 주시고, 내가 누구에게 용서해 줄 것이 꼭 있다면 진심으로 용서하여 줍니다. 이제 나는 먼저 떠나갑니다"라고 하신 말씀입니다. 참으로 이 짧은 말씀 속에 우리는 신부님의 마음에 그 복음적인 가난, 겸손, 그 사랑과 자비, 용서 그리고 하느님 손에 당신 생명과 모든 것을 내맡기는 믿음이 다 포함되어 있다고 볼 수 있습니다.

바로 이 같은 정신에서 신부님은 당신 자신의 임종의 날을 평화 속에 고요히 맞이하셨습니다. 그러기에 입원해 계시는 동안에 평소에 친분이 두터웠던 고 서정호 선생의 장례날, 그리고 연이어 있은 우리 교구의 이계선, 이영일, 박일규 신부님 등 세 분 신부님의 장례날, 신부님은 병원 발코니에 나오셔서 당신도 곧 가실 그곳에 당신보다 먼저 떠나시게 된 형제들을 전송이라도 하듯이 그분들의 발인을 묵묵히 지켜 보고 계셨습니다.

신부님이 병상에서 마지막 남기신 말씀은 "고맙습니다"였습니다. 이 말씀은 임종하시기 바로 전날 저녁 병상에서 당신을 둘러서 있는 분들에게 세 번이나 거듭하신 말씀으로 다음 날 아침 임종까지 더는 말씀을 못 하셨습니다. 신부님이 최후로 남긴 이 "고맙다"는 말씀은 그 방에 있는 분들에게 직접 하신 말씀이겠지만 당신이 아시는 모든 분들에게 하신 말씀이었다고 믿습니다. 그뿐 아니라 삶 자체를 하느님의 선물로 받으시고, 죽음까지도 하느님의 선물로 받아들이시는 데서 감사드리는 뜻으로 하신 말씀이라고 저는 믿습니다.

이렇게 신부님은 당신을 부르시는 하느님께 마음으로부터 귀 기울이시며 고요히 기도 속에 병상의 마지막 나날을 보내셨습니다. 한때 이 사회의 어둠을 밝히고자 훨훨 타오르는 횃불과도 같았던 윤 신부님은 모닥불처럼 고요히 사위어 갔습니다. 임종의 병상에서조차 청순하고 따뜻한 인정미를 풍기시면서 그렇게 자신을 고요히 태우셨습니다.

이제 이 모닥불은 꺼졌습니다. 실명(失明)한 이에게 광명의 빛을 주시기 위해 당신의 두 눈까지 바치셨듯이 남을 밝혀 주기 위해 자신의 전부를 마지막 순간까지 남김없이 불태우고 사그러지듯 꺼졌습니다.

하지만 신부님이 평생을 통해서 당신 삶 전부를 불태우신 그 사랑의 불꽃, 그 진리와 정의의 불꽃, 그 복음의 불꽃은 많은 이의 가슴속에 계속 타오를 것을 믿어 마지않습니다.

주여! 가신 마태오 윤형중 신부님에게 영원한 안식을 주소서, 영원한 빛을 그에게 비추소서! 아멘.

● 윤형중 신부님 장례 미사, 1979. 6. 18. 명동 대성당

이 겨레, 이 땅을 사랑한 이방인

친애하는 형제자매 여러분.

오늘 우리는 평생을 바쳐 우리나라에서 전교 신부님으로 일하시다가 지난 9일 별세하신 기후고 신부님의 영결 미사를 봉헌합니다. 신부님은 1899년에 미국에서 태어나셨고 1925년에 메리놀 외방 선교회 소속 신부님으로 한국에 오셔서 별세하실 때까지 중간에 멕시코에서 4년간 일하신 것을 뺀 51년간을 한국에서 일하셨습니다. 51년이면 명실공히 한 인간의 생애입니다.

82세의 사제로서 최후에 남긴 남루

신부님은 참으로 생애를 한국에 바치신 분이십니다. 해방 전에는 이북 평양 교구에서 일하시고 해방 후에는 서울에서 다년간 머무르시면서 잠시 혜화동에 계셨었고 또 지금의 한국 천주교 중앙 협의회를 창설하셨으며 청주 교구와 인천 교구 여러 본당에서 일하셨습니다. 6·25 사변 때에는 미 군종 신부로도 활약하시면서, 포로 수용소에서 사목에 종사하신 일도 있습니다.

50년이 넘는 세월에 걸쳐 여러 지방의 여러 본당에서 일하시면서 얼마나 많은 사람들이 신부님을 통해서 믿음을 얻고 구령의 은혜를 입었겠는가를 생각하고 교회에 대한 그분의 공헌을 생각하면 그것만으로도 우리는 이 시간 신부님을 보내 드리면서 신부님께 깊은 감사를 드려야 하겠습니다. 이와 아울러 우리는 이 신부님의 정신을 한번 생각해 보고 싶습니다.

사람은 누구나 자기 고향, 자기 고국을 무척 사랑합니다. 어릴 때 들은 이야기입니다만, 한국에 와 있는 화교들은 죽을 때 반드시 고국에 돌아가서 죽는 것을 큰 소망으로 간직하고 있다는 것입니다. 화교들만이 아니고 지금 미국이나 남미 여러 나라에 이민 가서 살고 있는 우리나라 사람들도 아마 같은 소원을 가지고 있을 것입니다. 이것이 정상입니다.

나를 미국에 보내지 말아 주십시오

그런데 신부님은 이와 반대였습니다. 바로 얼마 전에 신부님이 성모병원에 입원해 계셨을 때에 제가 한번 병문안을 갔습니다. 신부님은 저를 보자 "나는 미국에 안 가요. 나를 미국에 보내지 말아 주십시오"라고 되풀이 말씀하셨습니다. 듣기에 따라서는 노인이 정신 없이 하시는 헛소리 같기도 했습니다. 그러나 결코 헛소리는 아니었습니다. 저는 호기심에서 신부님 정말 미국 가시고 싶지 않으시냐고 되묻자 신부님은 그렇다고 답하셨습니다. 신부님은 왜 미국 가시기를 싫어하셨을까요.

고국이 싫어서입니까? 그것은 아닙니다. 자세히는 모르지만 신부님께서도 모든 미국인이 그렇듯이 자기 나라를 사랑하시는 분이십니다. 그럼 왜 그렇습니까? 한국에 일가 친척이 있고 재산이 있습니까? 일가 친척은 물론 없고 재산이라고는 아무 것도 없습니다. 여기가 살기에 더 편해서입니까? 그것도 확실히 아닐 것입니다. 그럼 왜 신부님은 당신의 여생이 얼마 안 남았다는 것을 잘 아실 텐데, 그리고 보통 사람이면 누구나 그때가 되면 오히려 고국에 돌아가서 죽고 싶을 터인데 한국에 남아 있기를 원하신 것입니까?

이 겨레를 사랑하기 때문입니다. 이 땅을 사랑하기 때문입니다. 신부님은 주님이 당신을 불러 복음을 전하기 위해 보내신 그곳에서 죽기까지 일하다가 거기서 숨을 거두고 묻히고 싶다는 복음의 사도로서 그 정신을 가지셨던 분이십니다. 이것이 참으로 주님의 일꾼들의 정신입니다. 저는 그때 신부님의 이 정신에 깊은 감명을 받았습니다.

구멍 난 메리야스 내복 바지

벗을 위해서 자기 목숨을 바치는 것보다 더 큰 사랑은 없다는 그 사랑의 정신을 신부님은 평생을 통해서 살아오신 것입니다. 그리고 그때 병문

안에서 신부님을 간호해 드리고 있었던 아주머니가 저에게 옷장에서 신부님이 평소에 입고 계시던 메리야스 내복 바지를 보여 주었습니다. 그것은 도저히 입을 수 없을 만큼 낡은 것이었습니다. 이미 구멍이 여러 군데나 있었고 또 신부님이 직접 하셨는지 엉성하게 꿰맨 것이었습니다.

저는 그 옷을 보고 또다시 감명을 받았습니다. 복음적 청빈의 살아 있는 표본을 직접 눈으로 본 것이었습니다. 알 수는 없지만 오늘날 우리나라의 어느 신부님도 그런 헐고 낡은 속옷을 입고 있지는 않을 것입니다. 신부님에게는 그것이 몸에 밴 가난인지 모르겠습니다. 아무튼 가신 후 신부님이 남긴 재산이라고는 아무 것도 없습니다. 여기서도 우리는 당신 자신을 남김없이 남을 위해 바친 믿음과 사랑을 볼 수 있습니다.

우리는 오늘 신부님을 보내면서 이분을 위해 기도하면서, 이분의 이 같은 믿음의 삶, 사랑의 삶, 복음적 청빈의 삶을 닮아야 하겠습니다.

● 기후고 신부님 장례 미사, 1981. 1. 13.

무슨 말로 그들의 넋을 위로할지 모릅니다

친애하는 형제자매 여러분.

우리는 지금 이 시간 지난 9월 1일 새벽에 천만뜻밖에 일어난 그 충격적인 사건, 사할린 상공에서 피격된 대한항공 007기의 참변으로 희생된 승객과 승무원 이백육십구 위의 영혼의 안식을 자비로우신 하느님께 기도드리기 위해 모였습니다.

맹목적인 군사 행동이 빚은 비극

이분들의 죽음은 너무나 뜻밖이고 너무나 억울하고 너무나 큰 비극이기에 무엇으로 표현해야 좋을지 모르겠습니다. 그만큼 우리의 마음은 통분과 함께 슬프기 그지없습니다. 때문에 우리는 이분들의 영혼을 자비로우신 하느님께서 구원해 주시기를 간절히 빌어 마지않습니다. 그 어느 영혼도 사할린 하늘이나 바다 속에서 표류하고 있어서는 안 되겠습니다.

하느님께서는 사랑 자체이시며 그분의 자비는 한이 없으시기에 우리의 기도를 들어주시리라 확신합니다. 우리가 상상할 수도 없을 만큼 자비로우신 하느님께서는 그분들을 당신의 영원한 생명의 나라, 이제는 죽음도, 고통과 슬픔도, 울부짖음도 없는 나라에 인도해 주셨다고 믿습니다. 저는 슬픔에 잠긴 모든 유가족 여러분과 이 자리에 참석하신 유가족 여러분에게 사람의 말로써는 여러분의 슬픈 마음을 위로해 드릴 길이 없다는 것을 알고 있습니다. 단지 여러분과 이 자리에 있는 우리 모두가 그 슬픔과 비통을 마음으로나마 함께 나누고 있다는 것을 말씀드리고 싶습니다. 그러나 전지전능하실 뿐만 아니라 사랑 자체이신 하느님께서는 인간의 말로를 결코 이런 죽음으로 끝나도록 만드시지 않으셨습니다. 저는 하느님께서 죽음을 넘어 영생을 주시기 위해 우리를 창조하셨고 그 때문에 죽음은 오히려 영생으로 넘어가는 관문에 불과하다는 것을 말씀드리고 싶습니다.

비극의 원인은 인명 경시 풍조에서

하느님께서 이 많은 인간을 결국 죽어 썩고 말도록 만드셨다면, 더욱이 이번 경우처럼 미사일로 일격에 공중에서 산산조각 나도록 만드시고 버려 두신다면 그 하느님은 KAL기를 격추시킨 냉혈의 소련 사람들보다 더 잔인하다고 말하지 않을 수 없습니다. 그런 잔인하고 냉혈적인 하느님, 인간보다 더 악한 하느님은 결코 있을 수 없습니다. 사랑 자체이신 하느님이 인간을 창조하신 것은 인간이 당신과 함께 영원히 살게 하기 위해서였습니다. 그래서 하느님은 만물 중에서도 인간을 가장 존귀하게 또한 당신의 모습을 닮은 존재로 만드셨습니다.

하느님이 가장 아끼고 사랑하는 존재가 있다면 그것은 인간입니다. 인간 편에서 죄를 범하고 하느님을 등진 일은 수없이 많아도 하느님 편에서 인간을 버린 적은 절대 없습니다. 뿐더러 하느님은 죄를 범하고 당신을 떠나는 인간을, 죄 때문에 죽음까지 자초한 인간을 구원하시기 위해 모든 것을 다 주셨습니다. 심지어 외아들까지 우리를 위해 내놓으셨습니다. 이렇게까지 인간을 사랑하신 하느님께서 오늘 우리가 추모하는 영혼들을 결코 버리실 리 없습니다. 그들 하나하나를 위해 당신의 외아들까지 내주신 하느님께서 어떻게 그들을 버리실 수 있겠습니까. 하느님은 당신의 사랑으로 분명히 이 영혼들을 당신 생명의 나라, 영광 가득 찬 나라로 인도해 주셨습니다.

이 말은 비통에 젖은 유가족을 위로하고 우리의 슬픈 마음을 달래기 위한 것이 아닙니다. 그것이 우리의 믿음이어야 하기 때문입니다.

우리는 이 시간 인간에 대한 하느님의 사랑을 생각하면서 우리도 이 사랑을 본받자고 권하고 싶습니다. 하느님께서 인간을 소중하게 보시고 사랑하시듯 우리가 서로 사랑했다면 오늘과 같은 비극은 없었을 것입니다. 오늘의 이 비극은 직접적으로는 핵무기 같은 군사력, 즉 물리적 힘만을 최고의 가치로 믿는 소련에 의해 저질러졌지만 그 원인은 어떤 의미에서는 우리 안에도 있다고 말할 수 있습니다. 우리 자신 안에까지도 모르는 사이에 스며들고 있는 인명 경시 풍조에서부터 이번 같은 비극이 연유됐다고 볼 수 있습니다.

세계 평화를 위해 바쳐진 사랑의 제물

그래서 우리 자신을 포함하여 사회, 세계가 핵심적인 문제를 심각하게 생각하고 반성하지 않는다면 이번 사건과 같은 비극은 앞으로도 계속 있을 수 있고 더욱이 세계가 그와 같은 맹목적인 무력 행사로 말미암아 파멸될 위험에 빠질 것입니다.

우리는 오늘 이번 사건이 얼마나 맹목적인 군사 행동에서 일어났는지 또 인명 경시나 사랑 결핍 때문에 일어났는지를 깨달아야 하겠습니다. 따라서 하느님의 인간에 대한 사랑을 본받도록 우리 자신부터 회개하고 더 나아가 전 세계가 회개하도록 힘써야 하겠습니다.

인간이야말로 가장 소중한 존재임을 알고, 생명을 아끼며 생명을 다시 찾는 정신 운동을 우리 안에서부터 일으켜야 하겠습니다.

이번 사건에 대한 도의적·실질적인 책임은 말할 것 없이 소련이 져야 합니다. 변명의 여지 없이 그들은 우리나라와 세계 공동체 앞에 사과해야 하고 또한 마땅한 보상을 해야 합니다.

그러나 문제의 근본 해결은 인간에 대한 인간의 사랑을 우리 안에서부터 다시 찾는 데 있습니다. 미움은 어떤 의미로도 문제의 해결이 될 수 없을 뿐만 아니라 세계를 더 비극적으로 몰고 갈 것입니다. 때문에 우리 모두는 이 시간, 비명에 가신 분들의 영혼의 안식을 위해 빌면서 동시에 인간에 대한 사랑과 인간성 회복을 위해 기도드리고 더 나아가 세계 평화를 위해 기도드려야 할 것입니다.

이 같은 기도는 가신 분들의 영혼도 염원하는 바라고 믿습니다. 그분들은 실로 우리 자신을 포함해서 오늘의 인류 세계가 인간애를 다시 찾고 인간성을 회복하기 위해 또한 세계 평화를 이룩하기 위해 바쳐진 사랑의 제물이 아닌가 생각됩니다.

주여, 우리를 위해 제물이 되어 주신 그분들에게 영원한 안식을 주소서. 영원한 빛으로 그들을 비추소서.

● KAL기 희생자 추모 미사, 1983. 9. 11. 명동 대성당

KAL기 사고 희생자 합동 위령제에서의 기도

자비로우신 주 하느님, 오늘 우리의 기도를 들어주소서. 우리의 흐느끼는 소리 당신 앞에 이르게 하소서. 지금 우리는 지난 목요일 새벽, 사할린 상공에서 비명에 간 이백육십구 위의 영혼들을 위해 주님께 간구합니다. 그들의 최후가 너무나 큰 비극이기에 우리는 무슨 말로 그들의 넋을 위로할 수 있을지 모릅니다.

이들이 무엇을 잘못했습니까? 우리가 무엇을 잘못했습니까?

왜 이들을 쏘는 그 잔인한 손을 잡아 멈추지 않으셨습니까? 이들을 왜 그 무도한 원수들의 손에 맡기셨습니까? 오늘의 세계가 당신을 외면하는 죄의 응보입니까? 입으로만 평화를 부르짖고 행실로는 온 세계를 멸망시킬 수 있는 무기 생산에 광분하는 거짓에 대한 응징입니까? 그렇다면 그 당사자들을 문책하시지 않고 하필이면 이들을 택하셨습니까? 왜 어린 생명까지 앗아 가는 것을 보고만 계셨습니까? 무고한 자의 피가 오늘의 세계의 양심을 일깨우고 세상의 죄를 사하는데 더 호소력이 있어서입니까?

주여, 당신께 원망하고 넋두리를 펴는 우리를 용서하십시오. 졸지에 사랑하는 자식을 잃고 아내와 남편, 부모 형제를 잃은 유가족들의 비탄이 너무나 커서입니다. 우리의 마음 역시 괴롭고 슬퍼서입니다.

야훼 하느님! 당신은 의로우시고 당신은 사랑 지극하신 분이십니다. 당신이 이들을 벌하실 리 없고 당신이 이들을 비명에 몰아넣으실 리 없습니다. 당신이 뜻하시는 것은 죽음이 아니고 생명입니다. 당신이 바라시는 것은 미움이 아니고 사랑이며 전쟁이 아니고 평화입니다.

그런데 우리는 언제나 당신의 뜻을 외면하고 거스르며 살고 있습니다. 하옵기에 오늘의 이 비극, 세상의 모든 재앙이 다 우리의 죄 때문입니다. 인명을 경시하고 사람 귀함을 망각한 이 시대의 죄 때문입니다. 비명에 가신 분들은 오늘의 세계와 우리 모두가 치러야 할 죗값을 대신 치른 것입니다. 그들은 우리 모두의 죄를 지고 죽었습니다.

주여, 우리의 이 뉘우치는 마음을 보시고 우리의 기도를 들으시어 이 영혼들을 당신 품에 안으소서. 그들의 눈에서 눈물을 씻어 주시고 그들을 인도하시어 다시는 죽음이 없고 슬픔도 울부짖음도 고통도 없는 당신 생명의 나라, 빛과 평화의 나라로 인도하소서!

또한 비통에 젖은 유가족들을 위로하소서. 그분들의 마음속에 당신의 사랑을 가득히 부어 주소서. 모두가 슬픔을 이기고 당신 빛 속에 보다 굳세게 살게 하소서. 그리하여 이제부터는 온 세계가 당신의 뜻에 순응하여 공산주의 소련도 회개하고 우리 모두의 뜻을 따라 우리 모두 당신께로 마음을 돌리게 하소서. 인간의 존귀함을 깨닫고, 인명을 존중하고 서로 사랑함으로써 이 땅과 온 세상에 주님의 평화를 이룩하는 역군이 되게 하소서!

우리 주 그리스도의 이름으로 비나이다. 아멘.

● 합동 위령제, 1983. 9. 6.

운석 선생님의 영복을 빌면서

존경하올 사회 각계 여러분과 친애하는 형제자매 여러분.

우리는 오늘 고 운석(雲石) 장면 박사님의 서거 20주년을 기리는 추도미사를 바치고 있습니다. 가신 지 이미 20년이 되셨으나 하느님은 영원하신 분이시니 그분 앞에는 20년 전이나 지금이나 다 같은 현재이기도 하기에 가신 선생님께서 주님의 은총 속에 영생을 누리시도록 비는 것이 이 미사의 주된 지향이겠습니다.

너무도 정직하고 권모술수를 모르신 분

그러면서 우리는 선생님의 유덕을 생각해 보지 않을 수 없습니다. 특히 오늘의 우리나라의 정치 현실을 볼 때 더욱 그러합니다. 선생님은 다 아시는 바대로 독실하시고 모범적인 신앙인이었습니다. 평생 거짓을 모르시고 언제나 진실하시고 양심과 하느님의 뜻에 따라서 사신 분이십니다. 선생님은 또한 마음을 다하여 나라와 겨레를 사랑하셨습니다. 항상 기도하시면서 주께서 이 나라를 보우하여 주시고, 이 나라가 참된 자유 대한으로 발전하고 남북이 그렇게 통일되도록 비셨습니다. 선생님은 아마도 이 나라와 겨레를 위해서 당신의 생명까지도 언제나 바치시는 마음의 자세로 사셨다 해도 과언이 아닐 것입니다.

제2 공화국 내각 수반, 국무 총리까지 오르신 분이었으나 그 높은 지위와 영예를 선생님은 당신 자신의 영달로서는 추호도 생각지 않으시고 오직 이 나라와 겨레를 위한 십자가로 생각하셨습니다.

이렇게 진실하고 정의로우신 분이 애국 애족하는 마음으로 조국을 위하여 몸 바치셨는데 많은 이들은 이분을 실패의 정치인으로 생각하고 있습니다. 선생님은 사실 정치에는 실패하신 분이셨습니다. 그러나 "그 원인이 선생님에게 있었는가? 혹은 주위 환경, 즉 그 당시의 정치 풍토 때문이었는가? 혹은 5·16 군사 쿠데타였는가?" 이 점은 오늘 우리가 참으로 심사숙고해 보아야 할 것 같습니다.

이것은 그분을 위해서보다도 우리 자신을 위해서 더욱 필요하다고 생각합니다. 실패의 탓이 선생님께 있었다면 그것은 그분이 너무나 성실하고 정직하고 권모술수를 모르고 너무나 고지식하게 민주주의를 원리 원칙대로 살고 실천해 보고자 한 데서 비롯된 것 같습니다.

제2 공화국, 장면 내각은 그 시대의 우리나라의 모든 상황으로 보아서 국민 모두가, 특히 정치인들이 힘을 모아 밀어 주고 키워 주었어야 할 정부였습니다. 그 당시 우리나라가 안고 있던 산적한 문제를 보거나, 오랜 독재 후에 처음으로 국민이 선택한 민주 정부로서 그때부터 뿌리를 내리고 기틀을 잡아야 할 당위로 보아서도 그러했습니다. 그 정부는 결코 마구 흔들어도 좋을 만큼 민주주의 역사가 지극히 얕은 한국 풍토 속에 깊이 뿌리를 내린 것이 아니었습니다. 그런데 그런 지원이 필요한 이 정부를 누구도 밀어 주지 않았습니다.

정부 수립 18일만에 이미 정부 전복 계획

매일같이 일어난 데모 군중이 그러했고 언론이 그러했습니다. 그리고 5·16 쿠데타를 일으킨 주모자들은 장 박사님의 회고록에 의하면 정부 수립 18일 만에 이미 정부 전복을 계획하고 있었습니다. 그리고도 이들은 후에 자기 합리화를 위하여 제2 공화국이 무능, 부패했기 때문이라고 하였습니다. 그들은 군인들로서 정직하지 못하였고 군인답지 못하였으며 따라서 그들의 행위는 배역 행위였다고 말하지 않을 수 없습니다.

그러나 그보다도 더 마음 아픈 것은 그 이전에 함께 힘을 모아서 일했어야 할 정치인들이 사리사욕에 눈이 어두워 갈라져 있었다는 것입니다. 신·구파로 갈라져 파쟁을 일삼은 것, 이것이 아마도 장면 정권이 실패할 수밖에 없었던 가장 큰 이유가 아니었던가 생각합니다.

오늘날 우리는 다시금 우리나라와 민주화가 이룩되느냐 않느냐 하는 중요한 시점에 서 있습니다. 지금도 가장 중요한 것은 여야를 막론하고 정치하시는 분들이 참으로 나라를 위하는 대의를 먼저 찾고 이것을 향하여 뜻을 모으는 것입니다.

정치하시는 분들이 이렇게 뜻을 모으고 힘을 합치면 우리 국민이 이분들을 믿게 될 것이고, 이 신망을 바탕으로 우리 국민 모두가 대동단결하면 어떤 어려움도 다 극복할 수 있을 것입니다. 때문에 저는 오늘 이 미사에서 우리가 존경하여 마지않는 운석 선생님의 영복을 하느님께 빌면서 참으로 우리나라 모든 정치인들이 이 나라의 민주화라는 대의를 위하여 모두가 사를 버리고 당리당략과 파쟁을 지양하고 뜻을 모아 주시도록 간절히 기도하고 싶습니다. 이것이 또한 운석 선생님께서 하늘에서 사랑하시는 이 나라를 위해 바치시는 기원일 것이라고 믿습니다.

● 고 장면 박사 20주기 추도 미사, 1986. 6. 4. 명동 대성당

박종철 군의 죽음을
민주 제단에 바친다

친애하는 형제자매 여러분.

오늘 우리는 지난 1월 14일 하늘마저 노할 경찰의 포악한 고문으로 숨진 서울대학생 고 박종철 군의 참혹한 죽음을 애통해 하면서 이 자리에 모였습니다.

솟구쳐 오르는 의분 속에 온 나라의 모든 이들이 눈물을 흘리며 할 말을 잊고 하늘만 바라 보고 있는 어제, 오늘입니다. 민주 국가, 법치 국가, 정의 사회라는 대한민국 안에서 백주에 한 젊은이가 경찰에 연행된 지 수시간 후 시체로 변했다는 어처구니없는 사건을 기정 사실로 받아들여야 하는 오늘의 우리 현실을 한없이 아파하면서, 이제 정신을 가다듬고 각자가 처해 있는 위치에서 과거에 대한 뼈아픈 반성과 앞으로의 나아갈 길을 생각해 보아야 하겠습니다.

모든 이가 그의 죽음 앞에 무릎 꿇어야

오늘 미사의 제1 독서에서는 야훼 하느님께서 동생 아벨을 죽인 카인에게 "네 아우 아벨은 어디 있느냐?" 하고 물으시니 카인은 "제가 아우를 지키는 사람입니까?" 하고 잡아떼며 모른다고 대답합니다. 창세기의 이 물음이 오늘 우리에게 던져지고 있습니다. 지금 하느님께서는 우리에게 묻고 계십니다. "너희 아들, 너희 제자, 너희 젊은이, 너희 국민의 한 사람인 박종철은 어디 있느냐?"

" '탕' 하고 책상을 치자 '억' 하고 쓰러졌으니 나는 모릅니다." "수사관들의 의욕이 좀 지나쳐서 그렇게 되었는데 그까짓 것 가지고 뭘 그러십니까?" "국가를 위해 일을 하다 보면, 실수로 희생될 수도 있는 것 아니오?" "그것은 고문 경찰관 두 사람이 한 일이니 우리는 모르는 일입니다"라고 하면서 잡아떼고 있습니다. 바로 카인의 대답입니다.

그러나 제2 독서의 말씀과 같이 우리 모두는 성령의 힘에 의해서 하나로 묶여 있으며, 같은 하느님의 피조물이요 한 아버지의 자녀이기 때문에 책임을 피할 수 없다는 것을 알아야 합니다. 이런 신앙을 떠나서라도 우리는 박종철 군과 한 겨레요 한 핏줄입니다. 위정자도 국민도 여당도 야당도 부모도 교사도 종교인도 모두 한 젊은이의 참혹한 죽음 앞에 무릎을 꿇고 가슴을 치며 통곡하고 반성해야 합니다.

방금 들은 요한 복음에서는 숨을 거두시는 예수님의 모습을 보여 줍니다. 한 젊은이의 억울한 죽음 앞에서 우리는 예수님의 죽음을 연상합니다. 예수님의 처참한 죽음이 희열에 찬 부활과 새로운 생명의 세계를 여는 약속임을 알기에, 한 젊은이의 참혹한 죽음에서 희망의 내일을 생각해 볼 수도 있는 것입니다.

고 박종철 군의 죽음을 애도하는 친구들의 조사 마지막 구절처럼 "이제까지 부끄럽게 살아온 우리가 그의 죽음 앞에 새롭게 태어나 그가 못다 이룬 일을 뒤에 남은 우리가 이룬다면" 그의 죽음은 결코 헛되지 않으리라 확신합니다. 때문에 그의 죽음에서 희망의 내일을 내다볼 수도 있다고 할 수 있습니다.

오늘 이 성전에서 근본적으로 박종철 군의 죽음에 책임이 있는 이 정권에 대해 우선 하고 싶은 한마디 말은 "하느님이 두렵지도 않느냐?" 하는 것입니다. 이번 박종철 군의 참혹한 죽음은 우연한 돌발적 사고가 아닙니다. 이번 고문 사건은 지난해 6월에 있었던 천인공노할 부천 경찰서 권 양의 성 고문 사건과 역시 재작년 9월에 있었던 전 민청련 의장 김근태 씨에 대한 경찰의 잔혹한 고문 사건, 이 밖의 연속적으로 일어난 수많은 고문 사례들 중의 하나이며, 다른 한편으로 헤아리기 힘들도록 많은 수의 양심인들이 감옥에서 고통을 당하고 있는 것도 같은 맥락에서 발생한 것이라 할 것입니다.

연행 체포 감금 고문 등 인권 침해

오늘날 우리 한국 사회를 뒤덮고 있는 지속적인 불의의 사태는 극도로 악화된 단계로 보입니다. 그 실증은 우리 현 정권이 자신을 반대하는 모든 사람을 힘으로 다스리고 또 그중 상당수를 공산주의자들에게 적용하는 국가 보안법으로 처벌하는 극심한 '인권 침해' 실태에서 볼 수 있습니다. 이로 말미암아 바로 지난해인 1986년 한 해의 우리 사회 현실에 드러난 대표적 양상은 한마디로 '대대적 구속 사태'라고 할 수 있습니다.

지난 한 해 동안 정치적 이유로 구속된 사람의 수는 이천사백여 명이 넘습니다. 이것은 그보다 앞선 5년 동안에 걸쳐 구속된 양심인 약 천이백 명에 비해 두 배가 넘는 숫자라고 합니다(「한국일보」, 1986. 12. 13.). 이중에서 단일 사건으로 건국대 농성 사태에서 구속된 학생 수만 해도 천이백팔십칠 명에 달하는데, 구속 단계에서 이들에게는 '학생'이라는 호칭도 안 쓰고 이른바 '공산 혁명 분자'라는 호칭을 썼습니다. 그리고 나서 기소 단계에서 이들 중 약 70퍼센트의 학생들을 다시 석방하였습니다. 이와 같은 일련의 무책임하고 대대적인 인권 침해 사례는 대한민국 사법 사상 유례가 없는 사태라고 합니다.

오늘의 젊은 학생들은 누가 뭐라 해도 멀지 않아 우리 사회를 짊어질 하나의 역사적 세대인 것입니다. 또 일상 생활의 구체성 안에서 보면 우리 사회 각 가정의 귀한 아들딸들입니다. 가정에서 부모가 자녀를 사랑으로 포용하지 않고, "너는 내 자식도 아니고 학생도 아니고 나쁜 공산 혁명 분자이니까 집에서 나가 감옥에나 가라"고 한다면 어떻게 되겠습니까? 이렇게 한다면 이 나라의 내일은 어찌 되겠습니까? 어떻게 이처럼 무책임하고 비인간적인 일을 저지를 수 있습니까? 또 이들 중 감옥에 못 집어넣거나 안 집어넣고 풀어 준 그 70퍼센트의 학생들이 저항감 없이 마음의 상처를 회복하고 고분고분하게 사회와 가정에 복귀할 수 있다고 볼 수 있습니까?

오늘날 우리 사회에 좌경 학생 내지 공산 혁명 분자가 늘어나고 있다고 정부와 여당에서 말하고 있습니다. 그리고 재야 민주 세력 쪽에서는 이를 "고문 및 용공 조작"의 결과라고 말하고 있습니다. 오늘날 '공산주의'는 한 이데올로기로서의 성역을 가지고 있지 못한 실정입니다. 또한 우리 그리스도교 교회는 전통적으로 공산주의에 내포된 물질주의, 전체주의 폭력의 변증법을 부정하고 있습니다. 그리고 현대의 제3 세계 지역에서 군부 독재에 반발하는 결과로 좌익 세력이 자생하는 현상에 대해서도 우리는 잘 알고 있습니다. 이들 독재 정권들은 명분으로는 '자유 민주주의'를 표방하면서도 실제로는 일당 독재와 독점 자본에 의한 심각한 빈부 격차, 인권 유린 현상을 빚어냅니다. 그리고 이 현상이 바로 공산주의의 온상이 됩니다.

우리나라에서도 제3 공화국 이래 양심적 민주 세력과 젊은 세대에 의해 '독재'와 '파쇼'로 지적되고 저항받는 정권 담당자들이 명분상 표방하는 것은 "자유 민주주의의 수호와 발전"이었습니다. 현 정권도 마찬가지로 기회 있을 때마다 언필칭 "자유 민주주의의 수호와 발전"을 자신들의 지상 과제처럼 내세우고 있습니다. 그럼에도 불구하고 불법 연행과 불법 체포, 감금 및 고문 등 인권 유린이 바로 인권을 수호해야 할 공권력에 의해 수없이 자행되고 있습니다. 거기다가 농·어민, 노동자와 도시 빈민들이 이 정권에 의해서 푸대접 또는 버림까지 받고 있습니다.

그러니까 양심이 오염되지 않은 젊은 세대에게는 "자유 민주주의 체제라는 것은 이렇게 나쁘고 구제 불능이고 독재와 빈부 격차를 해소할 수 없는 반민중적, 반역사적 제도"로 인식되어 이에 반발하고 나서는 것입니다. 그러나 현대 세계에서는 진정으로 자유 민주주의를 운영하는 나라들이 있습니다. 예를 들면 서구의 프랑스나 이탈리아 또 우리처럼 분단되었지만 민주주의를 지킴으로 국가 안보를 오히려 튼튼하게 하는 서독이 그러합니다. 이웃 일본도 민주주의를 잘하고 있습니다. 우리보다 못사는 인도도 민주주의만은 잘하고 있습니다. 이런 나라에서는 공산당이 합법화되어 있어도 자유 민주주의 또는 민주 사회주의 정당이 견고하게 정권을 유지하고 있으며, 자체 내에 발생하는 일부 모순은 자율적으로 시정하는 기능을 발휘하고 있습니다.

그것은 무엇보다도 민주주의 기본 원리인 3권 분립 제도가 확립되어 있기 때문입니다. 그리고 이 제도는 우리 교회로서도 인간 본성에 합치하는 제도로 인정하고 있는 것입니다(교황 요한 23세, 「지상의 평화」 48항).

현 정권의 양심과 도덕성에 의문

이렇게 볼 때 우리나라에서의 근본 문제는 3권 분립이 이름뿐이고 현실적으로는 행정부의 시녀처럼 되어 있기 때문입니다. 앞으로 우리나라가 참으로 민주화되려면 이 3권 분립을 명실상부하게 원칙대로 시행해야 합니다. 그렇지 않으면 아무리 좋은 법을 만든다 하더라도 인간 기본법을 지킬 수 없고 정치 사회의 안정과 발전을 이룰 수 없습니다. 그 한 예를 우리는 이번 박종철 군의 고문 치사 사건을 통해서도 볼 수 있습니다.

이번 박종철 군의 비통한 죽음이 국민 대중에게 겉잡을 수 없는 충격과 울분을 낳자, 정부와 여당에서는 '고문 재발 방지'를 위한 몇 가지 방안을 내놓았고, 야당 쪽에서는 개헌안에 '기본권 관련 수정 보완안'을 내놓았습니다. 이제까지 고문 금지의 법조문이나 제재 기구가 없어서 고문이 자행된 것은 아닙니다. 대한민국 헌법에는 어떠한 법적 제재도 인간 기본권을 침해할 수 없다는 전제가 있어 왔으며, 헌법 제11조에서는 "모든 국민은 고문을 받지 아니하며, 형사상 자기에게 불리한 진술을 강요당하지 아니한다"고 명시되어 있습니다.

또 형법 124조에는 불법 체포, 불법 감금을 엄히 금하고 있고 125조에는 경찰과 검찰에 의한 폭행과 가혹 행위를 엄히 금하고 있습니다. 124조 위반 시에는 7년 이하의 징역과 10년 이하의 자격 정지, 125조 위반 시에는 5년 이하의 징역과 10년 이하의 자격 정지에 처한다고 되어 있습니다.

이 밖에 연행에 따르는 영장, 구금에 따르는 변호사의 즉각적 간여 조건들이 법조문으로는 모두 구비되어 있습니다. 특히 1983년 12월 31일부터 시행된 이른바 고문 방지 특가법에 따르면 "인신 구속에 관한 직무를 행하는 자가 피의자에게 폭행 또는 가혹 행위를 해서 치상, 치사케 한 경우 최고 무기 또는 3년 이상의 징역에 처한다"는 규정도 있습니다.

　이렇게 경찰이나 검찰의 법집행 남용으로부터 인권을 옹호하는 의무 규정이 엄연히 있습니다. 그뿐 아니라 인권 보호를 위해 사법부에 주어진 권한도 이에 못지 않습니다.

　우선 형사 소송법 260조에는 재정 신청을 규정하여, 수사 기관의 불법 행위에 대한 이의 절차를 두고 있습니다. 또 고문, 폭행, 협박 부당한 장기 구속 등의 방법으로 강요된 피의자의 진술은 그 증거 능력을 인정할 수 없다는 규정도 있습니다. 그럼에도 불구하고 고문에 의한 자백도 법원에서 공안 사건의 경우 거의 다 채택됨으로써 그 규정이 지켜지지 않았고, 재정 신청의 경우에는 지난 1973년 이 조항이 개정된 이후 14년 동안 유신 체제를 거쳐 오면서 많은 고문 시비가 있었는데도 단 한 건도 받아들여진 적이 없다고 합니다.

　특히 작년 6월 부천 경찰서 성 고문 사건 시에는 우리가 잘 아는 바대로 법원이 성 고문의 실재를 인정하면서도 변호사들이 낸 재정 신청을 기각시켰습니다. 이렇게 인권 옹호의 법과 제도가 있는데도 이것을 따르지 않음으로 휴지화해 버렸습니다.

　이것은 무엇을 말합니까? 인권 옹호의 법은 엄연히 있지만, 이를 앞장서 지켜야 하고 감시 감독해야 할 경찰과 검찰이 이 법이나 규정을—그들 자신은 마치 법을 초월한 존재이듯—법을 무시하며 지키지 않았고 또

한 법의 존엄을 수호해야 할 사법부가 자신에게 맡겨진 인권 옹호의 의무를 다하지 않았다는 것입니다. 그 결과로 이 땅에는 고문이 관행처럼 되었고 마침내는 이번 고문 치사의 비극을 낳게 된 것입니다.

그렇다면 문제는 참으로 심각합니다. 인권을 옹호하고 존중해야 할 공권력에 의하여 오히려 인권이 말할 수 없이 거듭거듭 유린되고, 사람을 죽음에까지 이르게 하고 있습니다. 이것이 현실일 때 우리는 공권력 행사의 최고 책임을 지고 있는 이 정권의 도덕성에 대하여 깊은 의문을 제기하지 않을 수 없습니다. "이 정권의 뿌리에 양심과 도덕이 도대체 있느냐? 아니면 이 정권의 뿌리에는 총칼의 힘뿐이냐?" 하는 이 정권의 도덕성에 대한 회의가 근본적으로 야기되지 않을 수 없습니다. 이것은 다시 국민인 우리에게 이런 정권을 그대로 따라야 하는지 않는지에 대한 중대한 양심 문제를 던지고 있습니다.

그의 희생이 민주 회복의 분기점 되도록

그리고 이와 같은 불법의 자행에는 원천적으로 '언론 자유'의 결여가 그 온상입니다. 세계 어느 나라에서든지 언론 자유 없이 민주주의가 실현된 예가 있습니까? 이것은 물이 없는 곳에 물고기가 놀고 공기가 없는 곳에 새가 난다는 이야기처럼 명백한 거짓일 수밖에 없습니다. 그런데도 현 정권은 민주화를 하겠다면서 이른바 '합의 개헌'을 받아들인다면, '언론 기본법'의 개폐를 검토하겠다고 하면서, 합의 개헌이 되면 구속자 석방도 고려하겠다고 합니다.

　조건부로 협의할 대상에 선거법이나 권력 구조 문제가 포함될 수 있을지는 모르겠습니다. 그러나 언론 자유와 '사면 복권'은 민주주의의 원리 원칙인 인간 존중의 입장에서 볼 때, 무조건적이고 원천적인 선결 문제입니다. 묶인 이와 갇힌 이들이 합의 개헌을 위한 인질이 결코 될 수 없다는 것을 차제에 밝혀 두고자 합니다.

　저는 참으로 이 기회에 현 정부가 이번 사건을 계기로 정부 스스로 공약한 바 없지 않지만, 진정으로 대오 각성하고 회개하기를 촉구합니다. 자체 내에 양심을 회복하고 인간성을 회복하기를 간곡히 부탁합니다. 그리하여 모든 것을 비우고, 오직 국민을 위해 봉사하면서 민주화의 길을 착실히 밟아 나아가기를 간절히 바랍니다.

　친애하는 형제자매 여러분.

　우리는 모두 인간다운 삶과 그런 삶을 보장하는 정의로운 사회를 갈망하고 있습니다. 그렇다면 고문과 같은 인권 유린, 하느님의 모습을 따라서 창조된 존엄한 인간에 대한 모독 중에도 모독인 이런 행위는 차제에 참으로 근절되어야 합니다. 고문이 있는 한 우리는 민주 사회도 인간다운 사회도 이룰 수 없습니다. 고문이 있는 곳에 선진 조국이 있을 수 없고 국가 안보도 있을 수 없습니다. 고문은 실로 인간을 파괴하고 사회를 파괴하고 나라를 무너뜨리는 중죄입니다. 그렇다면 우리는 과연 무엇을 해야 합니까? 우리의 죄스러운 과거를 청산하고 우리 자신이 다시 나야 합니다. 이를 위해서 우리는 진정 회개하고 속죄해야 합니다. 말로만이 아니라 마음으로부터 회개해야 합니다.

도스토예프스키의 작품 〈죄와 벌〉에 보면, 살인죄를 범한 주인공 로디옹 라스콜리니코프에게 그를 사랑하는 창녀 소냐는 "일어나서 곧장 네거리로 가서 네가 더럽힌 땅에 엎드려 입맞추고, 그리고 사방 온 세상을 향해서 절을 하면서 나는 살인죄를 범했다고 소리쳐야 해! 그러면 신은 너를 다시 살려 주실 거야. 가서 그렇게 하겠니? 그렇게 하겠느냐 말이야?"라고 진정으로 참회할 것을 애타게 호소했습니다. 소냐는 그 죄를 함께 아파하고 뉘우치는 마음으로 이 말을 하였습니다. 그래서 "우리 같이 가자. 그리고 함께 고통의 십자가를 짊어지자"라고 하였습니다. 때문에 로디옹은 그 말을 따라 회개함으로 새 사람이 되었고 소냐는 이 참회와 고행의 길에 줄곧 함께 있어 주었습니다.

오늘날 우리에게 이런 참회가 필요합니다. 박 군을 고문 치사케 한 수사관은 물론이요, 그 밖의 경우에도 고문을 한 모든 수사관들, 그들의 일을 잘 알면서도 승인 내지 묵인한 상급자들, 공권력을 행사하는 모든 이와 위정자들, 그리고 이런 사실이 우리나라 안에 있다는 것을 거듭 들으면서도 지금까지 남의 일처럼 무관심하였던 우리 모두가 로디옹과 같이 큰 네거리에 가서 사방 온 세상을 향하여, 곧 모든 것을 아시고 공의로우시면서도 자비로우신 하느님께 "우리는 살인죄를 범하였습니다"라고 소리치며 진심으로 참회의 눈물을 흘려야 합니다.

오늘 우리 가슴에 이런 참회와 속죄의 눈물이 흐를 때, 그리고 하느님의 용서가 있을 때, 우리와 우리 사회는 비로소 구원될 수 있습니다. 우리는 참으로 새 사람으로 태어나고 우리 사회와 나라도 새롭게 태어날 수 있을 것입니다. 그리고 그런 때에 이 땅은 다시는 고문이 없는 아름다운 나라가 될 것입니다.

꽃다운 젊은 나이로 원통하게 목숨을 빼앗긴 고 박종철 군의 영전에 삼가 명복을 빌며, 자식을 잃고 애통해 하는 아버지와 어머니, 그 형제들에게 깊은 애도의 마음을 전합니다. 이제 그의 희생이 우리의 정의로운 민주 회복의 도정에 승리의 분기점이 되고 저력이 되어 줄 수 있기를 하느님께 간절히 기원하는 바입니다. 그리고 모진 고문을 통해 억울하게 현재 투옥 중에 있는 모든 양심인들의 석방을 바라면서 이 미사를 봉헌합니다.

● 1987. 1. 26. 명동 대성당

민주의 새벽을 연 성직자

친애하는 형제자매 여러분.

오늘 우리는 지병으로 오래 고생하시다가 지난 12일 0시 40분 우리 곁을 떠나신, 우리 모두 평소에 사랑하고 존경하던 지학순 다니엘 주교님을 위하여 주께서 그분께 영원한 안식을 주시도록 빌고 동시에 마지막 하직 인사를 드리는 고별 미사를 봉헌하고 있습니다. 목자를 잃고 슬퍼하는 원주 교구민 여러분에게 또한 주교님을 여의고 애통하는 유가족에게 진심으로 애도의 뜻을 표합니다.

독재와의 전쟁 선포하듯 결연한 모습

지 주교님의 별세 소식을 전하면서 여러 언론 매체들은 "독재에 맞서 싸운 십자가의 길", "민주의 새벽을 연 성직자"로 지 주교님의 생애를 비교적 소상히 보도하고 또 높이 평가하였습니다. 우리는 이런 추도의 글을 접하면서 새삼 1970년대에서 1980년대에 이르는 그 암울했던 시기를 연상하지 않을 수 없고, 그 어둡고 답답한 시대에 우리 사회가 보다 정의롭고 인간답고 아름다운 복지 사회로 변화될 수 있도록 노력했을 뿐 아니라 이를 저해하는 독재 체제 및 부정 부패와의 전쟁을 선포하듯이 결연히 일어섰던 지 주교님의 모습, 저 유명한 양심 선언 그리고 연이은 구속과 투옥, 고난의 가시밭길, 그 모든 아픈 일들을 회상하지 않을 수 없습니다.

저는 또한 그보다 훨씬 소급해서 어린 시절 서울 혜화동 소신학교에서 함께 지냈던 일, 폐결핵으로 학업을 중단하고 신학교를 떠났다가 해방 후에 다시 대신학교에서 만나 함께 공부한 날들, 그 어간에 2차 대전의 발발과 종전, 해방 그리고 조국의 분단, 그로 말미암아 북에 있었던 신학생 지학순이 공산 치하에서 겪었던 고초, 특히 월남하려다가 잡혀서 90일간이나 치렀던 옥고……. 그리고 다시 6·25 사변으로 학업이 중단되고 자원하여 군인으로 출전했던 그 모습, 소신학교 동급생 중에서 제일 나중에 신부가 되었으나 꼴찌가 첫째 된다는 말씀대로 가장 먼저 주교가 되시어 바로 이 자리에서 주교로 수품되셨던 그날의 영광, 그리고 그 후에 이어진 여러 가지 극적인 일들을 돌이켜 볼 때 이분의 생애는 참으로 기쁨의 시간과 영광의 시간도 없지 않았으나 파란만장하였다고 아니할 수 없습니다.

이제 이런 생애를 돌이켜 보면서 "이분의 삶을 지배하였던 것은 무엇이었던가?" 하고 묻는다면 그것은 하느님에 대한 믿음과 인간에 대한 사랑, 나라와 겨레에 대한 애국 애족심이었다고 저는 확신합니다. 지 주교님이 유신 독재에 항거하여 일어섰을 때 그것이 당시로서는 엄청나게 큰 정치적 의미를 지닌 행위였기 때문에 어떤 이들로부터는 성직자의 정치 개입으로 오해도 사고 비난과 비판을 교회 안팎으로 받기도 했습니다.

그러나 지 주교님이 이같이 일어선 동기는 결코 정치적 취향 때문이 아니었습니다. 그것은 참으로 남달리 강하게 지니셨던 인간에 대한 사랑 때문이었습니다. 이분은 고통받는 이가 누구이든지, 신자 비신자 관계없이 이를 보고 그냥 지나칠 수 없었습니다. 그 고통받는 이를 위하여 무언가를 해 주지 않고서는 마음이 편치 못한 성품이었습니다. 그만큼 가난하고 고통받는 이에 대한 연민의 정이 컸습니다. 그러므로 특히 가난과 고통이 본인의 탓이라기 보다 억압 정치와 구조 악에서 오는 것이라는 것을 알았을 때 이에 대한 지 주교님의 의분은 불과 같았고 정의를 위해 개혁을 위해 결연히 일어설 수밖에 없었습니다.

지 주교님이 교구 신설과 함께 초대 교구장으로 수품된 1965년 당시의 원주 교구는 교회적으로나 사회적으로 가장 열악하였습니다. 황무지와 같았다 해도 과언이 아닙니다. 이런 메마른 땅에서 지 주교님은 교회로 하여금 참으로 많은 이들의 갈증을 풀어 주는 샘터가 되게 하였습니다. 주교님은 복음 선교와 아울러 교육, 의료 사업, 농어민과 광부를 위한 사회 복지 사업을 일으키셨고 어느 교구보다도 먼저 가톨릭 문화 센터와 방송국을 설립하였습니다. 원주 교구는 참으로 이 지역 사회 속에서 지역 사회에 봉사하는 교회, 빛과 소금의 구실을 다하는 교구가 되었습니다.

이산 가족의 아픔으로 울었던 주교

10여 년 전의 이야기입니다만 아시아 주교 회의 주관으로 여러 나라 주교님들이 한국에 와서 몇 개 교구를 돌아보며 현장 체험을 하신 일이 있었습니다. 현장 체험이 끝난 다음 서울에서 다시 모여 소감을 나누는 시간이 있었습니다. 그때 원주 교구를 다녀온 주교님 한 분이 이런 말을 하였습니다. "저는 이번에 원주 교구를 3일간 다녀왔습니다. 참으로 뜻 깊고 유익한 체험이었습니다. 무엇보다도 감명 깊었던 것은 가는 곳마다 제가 만난 시골의 농민, 어부, 광부를 통하여 교구장이신 지 주교님의 현존을 도처에서 느낄 수 있었다는 것입니다. 지 주교님의 목자로서의 사랑의 손길이 그 지역 구석구석에 미쳐 있었습니다."

그 말이 결코 과장이 아닌 진실이라는 것을 저도 그 후에 사북 탄광 방문을 통하여, 그 밖에 몇 군데를 돌아봄으로써 확인할 수 있었습니다. 지 주교님은 참으로 착한 목자였습니다. 당신 양들을 위하여 목숨을 바치신 예수님을 닮은 착한 목자였습니다.

지 주교님이 세상을 떠나시면서 못내 아쉬워하고 아파한 것이 있다면 그것은 아마도 분단된 조국의 통일을 보지 못한 것이었을 것입니다. 우리는 이것을 그분이 남긴 통일 염원의 말씀에서 알 수 있고, 그리고 무엇보다도 1985년도에 고향 방문단 일원으로 북에 가시어 만난 누이동생을 꺼안고 흘리신 그 처절한 눈물이었습니다. TV 화면을 통하여 그 장면을 지켜 본 모든 이의 가슴을 울렸던 그 눈물이 이를 잘 말하고 있습니다.

이렇게 조국 분단과 이산 가족의 고통을 온몸으로 아파하며 우신 주교님, 가난한 이의 눈에서 눈물을 닦아 주고자 전심전력 봉사하신 주교님, 그 주교님은 오랜 지병 끝에 주님의 수난을 기리는 이 사순절에 또한 주님이 가신 그 금요일에 주님 안에 평안히 잠드셨습니다. 인간 지학순 다니엘의 70여 년에 걸친 긴 고난의 여정, 십자가의 길은 끝났습니다. 이제는 묵시록의 말씀대로 죽음이 없고 슬픔도 울부짖음도 고통도 없는 나라, 하느님이 모든 이의 눈에서 눈물을 닦아 주는 그 새 하늘과 새 땅에 들어가셨습니다. 주님과 함께 죽으셨으니 주님과 함께 부활하실 것입니다.

이제 친애하는 형제자매 여러분.

슬픔을 거두고 우리 역시, 이 지 주교님을 본받아야 하겠습니다. 지 주교님처럼 그리스도를 더욱 깊이 믿고 따름으로써 가난한 이들에게 복음을 전하고 묶인 이들에게는 해방을 알려 주고 눈먼 사람들을 보게 하고 억눌린 이들에게는 자유를 주며 주님의 은혜의 해를 선포하는(루가 4,18 참조) 신자가 되고 교회가 되어야 하겠습니다.

주여, 당신의 종 지학순 다니엘에게 영원한 안식을 주소서.

영원한 빛으로 저를 비추어 주소서. 아멘.

● 지학순 주교님 장례 미사, 1993. 3. 16.

북만주에서 57년 만에 돌아오신 김선영 신부님

오늘 우리는 특별한 의미와 감회를 지닌 분을 모시고 이 미사를 봉헌하게 되었습니다. 조국을 떠나 저 먼 북만주로 사목하러 가신 후 57년 만에 꿈에도 그리던 그 조국 땅에 살아서는 오시지 못하고 죽어서 돌아오신 김선영 요셉 신부님, 바로 그분이십니다.

25년의 옥고와 강제 노동 끝에 숨져

우리는 오늘 이분의 영혼을 위해 기도하는 연미사를 드리고 그 육신을 고국 땅 옛 친구들이 잠들고 계시는 용산 성직자 묘지에 안장하는 장례 미사를 거행하면서 동시에 이분을 추모하며, 이분의 남다른 삶과 죽음이 지닌 의미를 묵상하면서 미사를 봉헌하는 것입니다.

먼저 김 신부님의 형제 친척 되시는 분들, 특히 누이동생 되시는 분들에게는 무어라고 인사를 드리면 좋을지 모르겠습니다. 57년 전 북만주로 떠나신 이래 몽매에도 잊지 못하던 그 신부님, 그 동안 소식도 끊기고 간혹 들려오는 소식이 있다 해도 옥중 생활에 관한 가슴 아픈 이야기뿐이었을 것입니다.

그런 신부님을 잘했으면 살아 계시는 모습으로도 뵈올 수도 있었을 텐데 이렇게 가신 지도 이미 십수 년이 넘어 상한 시신으로 뵈옵는 그 슬픈 심정을 제가 다 위로해 드릴 힘이 없습니다. 신부님은 참으로 훌륭한 사제로서 거룩하게 사셨고 주님 때문에 겪은 모든 박해와 고초와 옥고에도 굴하시지 않으셨기에 부디 이제는 주님과 함께 영원히 영광 속에 계심을 믿고 위로를 삼으시기 빕니다. 사실 그것만이 진실이요, 그리고 그것만이 우리 모두를 참되이 밝혀 주는 빛이요, 우리 자신을 또한 주님께로 인도하는 길입니다.

오늘 신부님의 시신을 이렇게 모시면서 저는 이분을 그 멀고 먼 만주에서 이곳까지 여러 가지 난관을 무릅쓰고 모시고 오신 최경숙 루시아 자매님께 특별한 감사를 드리지 않을 수 없습니다. 자매님은 하얼빈에서부터 이 시신이 든 관을 오랜 기차 여행과 비행기 안에서도 내내 무릎 위에 모시고 안고 오셨답니다.

본인이 계시는데 이런 말씀 드려 죄송합니다만 참으로 자매님은 너무나 믿음이 깊고 사랑이 많으신 분이십니다. 하얼빈에서 어떤 분이 제게 쓰신 편지에 따르면 최경숙 자매님은 하얼빈과 그 인근에서 아직도 여러 가지 어려운 여건 속에서 신앙생활을 하고 있는 우리 동포들을 위한 복음의 사도요 수호천사입니다. 이분은 또한 옥중에 계시는 김 신부님을 비롯하여 임 바오로 신부님, 양 비오 신부님을 돌보시느라 천 리 길이 넘는 곳을 수없이 내왕하시고, 어떤 때는 만나 뵙기도 하고 어떤 때는 며칠을 기다려도 그나마 면회도 안 되어 천 리 길을 허탕 치고 다시 돌아와야 하는 쓰디쓴 경험을 여러 차례 하면서도 굴하지 않고 당신이 잡수실 것, 당신에게 필요한 것도 아껴서 신부님들의 옥바라지를 위해 최선을 다해 주셨다고 합니다.

이분이 이렇게까지 헌신적이었기에 오늘날까지 하얼빈에 신자 공동체가 명맥을 유지할 수 있었고 우리가 오늘 김 신부님을 이렇게 모실 수 있게 되었습니다. 참으로 감사합니다. 천주님께서 이 땅 위의 당신에게 풍성한 은총을 내려 주시고 영육간에 힘을 주시어 오래오래 그곳 신자들의 수호천사, 어머니 또는 사도로서 일할 수 있도록 해 주시기를 기도합시다.

이제 친애하는 형제자매 여러분, 우리 앞에 누워 계시는 김선영 요셉 신부님은 1898년에 경기도 광주에서 탄생하시어 1923년 25세 젊은 나이로 사제로 수품되셨으며 당신이 졸업한 신학교에서 3년간 교수로 봉직하시고 그 후에는 황해도 장연 본당에서 1930년 여름까지 보좌 신부로 계셨습니다. 그러시다가 같은 해 여름에 북만주, 선목촌이라고 만주로 이민 간 우리 교우들이 많이 모여 살던 곳에 사목을 맡으시어 가시게 되었습니다.

그로부터 김선영 신부님은 1974년 12월 옥고 끝에 별세하실 때까지

44년의 긴 세월을 만주 땅에서 그곳 교회와 양들을 위해 당신의 모든 것을 다 바치신 분이십니다. 그중에서 1948년부터 25년 동안은 옥중 생활이셨습니다. 겨울에는 이곳, 우리나라까지 휘몰아쳐 오는 만주의 삭풍 속에서의 25년 동안의 옥중 생활이 얼마나 고달펐겠습니까?

손발이 얼어 터지고 동사하기 쉬운 혹독한 추위와 여름에는 찌는 무더위에 질식하기 쉬운 곳이 그곳 감옥이라 합니다. 거기다 굶주림과 목마름, 영양실조에서 오는 병고도 말할 수 없이 컸을 것입니다. 1974년 초, 신부님은 병고로 석방되셨으나 석방 직후 강제 노동으로 인한 결핵, 천식, 영양실조 등 지병이 심하여 1974년 12월 12일 별세하였습니다.

왜 신부님은 이 같은 고초를 겪어야 했습니까? 하늘과 땅을 창조하시고 우리를 구원하시는 천주님을 믿고 그리스도를 따르는 사제였기 때문입니다. 그것이 오로지 이분의 죄였다면 죄였습니다. 그렇다면 신부님의 옥중 생활과 그 죽음은 바로 주님을 위해 겪은 순교나 다름없습니다. 참으로 우리 앞에 모신 이분은 비록 공식적으로 순교자의 칭호를 드릴 수 없을지 몰라도 순교자이십니다. 우리가 본받고 따라야 할 순교자이십니다.

신부님도 그리스도를 배반하든지, 혹은 적어도 교황님만 배반하고 중공 당국이 만든 이른바 애국 교회를 수용했더라면 그곳 주교도 될 수 있고 나름대로 존경을 받고 영화를 누릴 수 있었다고 합니다. 그런 유혹이 현실적으로 자주 있었다고 합니다. 그러나 신부님은 오직 그리스도를 따르고 참교회인 이 교회를 사랑하셨기 때문에 이 같은 유혹을 단호히 물리치시고 주저 없이 옥고를 택하셨습니다. 참으로 그리스도를 따르기 위해 세상과 당신 자신을 끊고 그 십자가를 지신 것입니다.

  밀알 하나가 땅에 떨어져 썩으면 많은 열매를 맺는다고 예수님이 말씀하셨습니다. 신부님은 만주 땅에서 바로 이 밀알이 되셨습니다. 그러나 어느 날 우리는 이 썩은 밀알에서 반드시 새 생명이 나고 수많은 열매가 맺어질 것을 의심치 않습니다.

  주여, 죽은 당신의 종 사제 요셉에게 영원한 안식을 주소서.

  영원한 빛으로 저를 비추어 주소서.

● 김선영 요셉 신부님 장례 미사, 1987. 5. 11. 명동 대성당

어디 가면 너를 볼 수 있니

정민아!

어디 가면 너를 볼 수 있니.

이 세상을 아주 떠난 너를 어디 가면 볼 수 있니.

너를 보내야 하던 날 할아버지는 갈 도리가 없어서 마음으로만 "잘 가거라, 정민아. 하늘나라로!" 하며 작은 꽃다발 하나를 너의 영전에 보냈다.

그날 저녁 늦게 슬픔에 젖어 있는 네 엄마와 오빠, 동생들을 위로할 도리는 없지만 전화를 걸어 보았다. 장례는 어떻게 잘 치렀느냐 했더니 네 엄마는 너를 화장하였다고 하더구나. 나는 그래도 유골만은 거두어 집으로 가져왔겠지 생각했다. 그러나 네 엄마는 "뿌렸어요" 하더구나.

"뿌리다니, 그럼 정민이는 재도 없단 말이냐?"

네 엄마는 울기만 하고 답을 못하더구나.

"어디에 뿌렸니?"

"바다가 보이는 산에 뿌렸어요" 하며 네 엄마는 다시 울더라.

바다가 보이는 산에? "내 고향 남쪽 바다……." 그 바다가 보이는 산에 너를 바람에 훨훨 날려 보냈다는구나.

정민아, 갈매기처럼 날아갔느냐! 흰 구름처럼 날아갔느냐! 아니면 바위에 부딪치는 파도에 다시 부서졌느냐!

부모는 자식을 가슴에 묻는다더구나. 네 엄마는 분명 너를 그렇게 가슴에 묻었을 것이다.

하지만 정민아! 나는 너를 어디서 볼 수 있겠느냐!

하긴 이 세상에서도 내가 너를 제대로 본 것은 네가 세상을 떠나기 3주 전 부활 다음 날이었다.

그때 벌써 너는 소생할 가망 없이 병세가 기울고 있었다. 의사 선생님도 그렇게 말하더구나.

하지만 "이 아이만은 단념할 수 없어요" 하며 너의 발병을 알리던 전화에서 내게 한 네 엄마의 간절한 애원을 나는 잊을 수가 없었다. 그 후 나는 너의 병 치유를 위해 기도해 왔고 "희망이 없는 것에 희망"을 걸어 보았다.

네 앞에 네 사촌 오빠인 정권이가 같은 병으로 먼저 갔기에 나는 너의 병, 그 몹쓸 백혈병을 너무나 잘 안다. 그래서 이번에는 "정민이 대신 저를 데려가 주십시오" 하고 기도도 바쳤다.

나는 이제 살 만큼 살았고 너는 앞날이 창창한 열여덟의 꽃다운 나이가 아니냐.

　마산 삼성 병원에 너를 병문안한 그날도 네 손을 잡고 할아버지는 그렇게 기도했다. "주님, 저를 대신 데려가 주시고 이 아이를 살려 주소서." 그러나 할아버지의 기도도, 믿음도 약한 탓인지 하느님은 너를 기어이 데려가셨구나.

　그러나 정민아, 나는 믿는다.

　네가 마지막 시간에 모든 것을 하느님 손에 맡겼으리라는 것을.

　그리고 "이제는 죽음도 없고 슬픔도 울부짖음도 고통도 없을"(묵시 21,4) 그 생명의 나라, 빛과 평화의 나라, 사랑이신 아버지 하느님의 나라로 가 있다는 것을 믿는다.

　정민아! 너는 참으로 마음이 가난한 소녀였다. 그러기에 분명히 하늘 나라를 차지하였을 것이다(마태 5,3 참조).

　그렇지만 아직도 이 땅에 남은 우리들—네 엄마와 네 형제들은 물론이요, 이 할아버지도 너를 잃은 슬픔을 떨쳐 버릴 수 없구나.

　한 줌의 재가 된 너를 그나마 바람에 날려 버린 것이 못내 아쉽구나.

　정민아!

　무덤도 묘비도 아무런 흔적조차 없는 너를 어디 가면 볼 수 있겠느냐.

● 1997. 4. 23.

밀알이 썩어

　　　　　　　　　　　친애하는 형제자매 여러분.

　스물 여섯밖에 안 되는 젊은이, 신부 된 지는 겨우 1년 4개월에 불과한 사람, 그러면서도 우리 곁을 떠나 이미 고인이 된 김재문 미카엘 신부의 시신을 앞에 두고 저는 이 고별의 말을 무슨 말로 시작해야 할지 모르겠습니다.

　먼저 고인의 부모님께, 그리고 형제자매들에게 위로의 말을 드릴 길은 없습니다만, 진심으로 애도의 뜻을 표하면서 '저도 여러분의 애통을 함께 나누고 싶습니다'라고 말씀드립니다. 육친의 정에 비할 수는 없지만 저 역시 아들 신부 하나를 너무나 일찍 잃은 것 같은 아픔을 아니 느낄 수 없기 때문입니다.

　저는 김 신부와 병실에서 비교적 자주 만났습니다. 대부분 그가 겪는 고통이 너무나 컸기에 무슨 말로써 위로해 줄 수도 없어서 묵묵히 있는 편이었고, 때로는 '그 아픔을 대신할 수 있었으면' 하는 생각뿐이었습니다. 김 신부는 남달리 지성적이었고, 이지적으로 생각하는 편이었습니다. 그래서 자신의 병 증세에 대해서도 지적으로 생각하고 표현하곤 했습니다. 그리고 초기에는 자신의 병이 불치의 중한 병이라는 것을 어떻게 받아들이면 좋을지 모르는 것같이도 보였습니다. 그 무렵, 한번은 저에게 "주교님, 저는 아직 젊은데 왜 벌써 이렇게 돼야 합니까?" 하고 물었습니다. 제가 무슨 답을 할 수 있었겠습니까?

신부전증으로 회복될 가망이 없다는 것을 알게 되었을 때, 김 신부는 시력까지 잃게 되었습니다. 이때 김 신부는 그 격심한 고통을 이겨 내기 위해 우리가 상상하기 힘들 만큼의 자기 자신과의 투쟁을 하고 있었습니다.

얼마 전까지만 해도 두 눈으로 볼 수 있던 사람이 불과 몇 개월 사이에 한쪽 시력을 잃고 또 다른 눈으로 그 증세가 옮겨 가 끝내는 두 눈을 다 잃게 되는, 그런 기막힌 상황에서 육체적 고통과 아울러 심적 고통이 얼마나 컸겠는가를 우리는 짐작하면서도 그 고통을 다 헤아릴 수는 없을 것입니다.

그 무렵 김 신부는 또다시 저에게 "이제 다시는 건강한 몸이 될 수 없고 실명까지 한 상태에서 사제직을 어떻게 수행해야 합니까?" 하고 물었습니다. 저는 얼른 답을 못했습니다. 제가 보기에도 그가 당하는 고통은 가혹하리만큼 너무나 격심했기 때문입니다. 그러나 저는 결국 "사제직은 궁극에는 십자가에서 돌아가신 예수님과 함께 고통과 모든 것을 잃은 가난 속에 일치되는 데 있는 것이 아니겠는가?"라고 말할 수밖에 없었습니다.

  김 신부는 점차 자신의 아픔과 번뇌를 거듭하는 가운데 사색을 통해서 결국에는 그것을 넘어서는 믿음으로 받아들이고 있었습니다. 지난 사순절, 사순 제5주일 저녁이었습니다. 제가 김 신부 병실을 방문했을 때, 김 신부는 옆에서 간병하던 분과 방문 온 수녀님 한 분과 함께 그분들의 도움을 받아 가면서 실명한 후 처음으로 미사를 봉헌하고 있었습니다.

  제가 들어갔을 때는 봉헌 때였습니다. 책을 볼 수 없으니 봉헌 기도는 그가 자유 기도로 바치는 것이었습니다. 내용은 자기의 병고를 생각하면서 병으로 신음하는 모든 이에게, 또 자기보다도 더 큰 고통 속에 있는 분들에게 이 예물이 위로와 평화의 제물이 되게 하소서 하고 비는 것이었습니다.

  그다음 성찬 예절은 제2 성찬 기도로 제가 옆에서 좀 도와는 주었지만 대부분 잘 기억하는 편이었고, 기도의 말씀 한마디 한마디를 기억을 더듬으면서 천천히, 경건하게 뜻을 새기며 바쳤습니다. 그런데 성찬 기도 끝에 주님의 기도를 바치기 직전, 김 신부는 보통 하는 주님의 기도 초대말 대신 자신의 말로써 이렇게 말했습니다.

  "제가 실명하여 이제는 남의 안내 없이는 한 걸음도 길을 갈 수 없게 되니 제게는 '내가 길이다'라고 말씀하신 예수님이 참으로 저의 길이십니다. 예수님 없이는 제 인생 길을 갈 수 없다고 느껴집니다. 이렇게 우리의 길이신 예수님이, 우리가 참되이 살기 위해 가르쳐 주신 주님의 기도를 함께 바치겠습니다"라고 말했습니다.

저는 그 순간 참으로 감명을 받았습니다. 김 신부에 비하면 저는 주교일 뿐만 아니라 사제 생활을 오래 한 사람입니다. 김 신부는 작년에 제게서 신품을 받았으며, 사제된 지 겨우 1년밖에 되지 않는 사람입니다. 그러나 "주교인 내가 그렇게 깊이 말할 수 있겠는가? 나를 비롯한 많은 사제들이 많은 강론을 하고, 또 긴 말을 해 왔지만, 김 신부처럼 이렇게 절실하게 '예수님은 나의 길이시다'라고 깨달았던가? 이렇게 생생하게 예수님을 인생의 길로 전해 줄 수 있었던가?" 하고 생각하게 되었습니다.

김 신부에게 병고는 말할 수 없이 혹독했습니다. 그러나 그는 그 병고를 통해서 예수님을 보다 깊이 알고, 남에게 깊이 전해 줄 수 있었습니다. 그가 육신의 시력은 잃었으나, 영혼의 시력은 그 때문에 더욱 밝아졌다고 느껴졌습니다.

"나는 진리요 길이요 생명이다." 이 말씀은 김 신부가 사제로 수품될 때에 택한 성구입니다. 이를 보아 김 신부는 이미 오래전부터 길이요 진리요 생명이신 예수님을 더 깊이 알고자 소망하고 기도하면서 살았다고 믿어집니다. 그 결과, 예수님은 참으로 깊이, 길과 진리와 생명으로 당신을 살리시고자 스스로 남다른 길, 고통의 길을 택하신 것이 아닌가 생각됩니다.

사실 예수님이 당신을 깊이 알리시려면 그 길밖에 없는 것 같습니다. 왜냐하면 아무도 영혼의 밤이라고 말하는 고통을 통하지 않고서는 스스로 고통의 인간이 되신 예수님을 깊이 알 수는 없기 때문입니다.

또 한번은, 바로 지난 성금요일 저녁이었습니다. 그날 저녁, 수난 예절에 참석하고 나서 그를 방문했는데, 김 신부는 자기도 명동 대성당에서 수난 예절에 참석했다면서 그 소감을 말했습니다. 예절이 진행되고 있을 때, 김 신부는 어떤 분의 안내를 받아서 성당에 들어갔는데, 마침 수난 예절을 집전하신 경 주교님이 그 우렁찬 목소리로 십자가 경배를 위해 "보라! 십자가를!" 하는 노래를 막 시작했을 때였다고 합니다.

김 신부는, "'보라 십자가를!' 하는 경 주교님의 노랫소리가 울려 퍼졌을 때, 체험이라는 말보다 더 짙은 무엇이 저의 가슴 깊이 와 닿는 것 같았습니다. 그리고 그다음 십자가 경배를 위해 모두 제대 쪽으로 나갈 때는 저도 가서 경배하고 싶었으나, 그것이 저에게 너무 가혹한 것 같아서 나가지 못했습니다"라고 했습니다. "십자가 경배에 나가는 것이 자기에게 너무 가혹한 것같이 느꼈다"는 것은 아마도 김 신부가 그 시간 자신 안에, 자신의 병고 속에 그 십자가상 주님의 찢어지는 아픔을 직접 느끼고 있었기 때문이었을 것입니다. 그래서 우리가 흔히 쓰는 '체험'이라는 말만으로는 표현할 수 없는 무엇이 가슴에 깊이 와 닿는 것 같았다고 말한 것이 아니었나 생각됩니다.

이때도 저는 '바로 그 예절에 나도 참석했건만 나는 주님의 수난을 이렇게까지 깊게 체험하지 못했다. 그런데 김 신부는 병고를 통해서 참으로 주님의 수난에 명실공히 참여했구나' 하는 생각이 들었습니다.

친애하는 여러분.

지금 우리는 하느님이 왜 김 신부를 이렇게 일찍 데려가셨는가를 묻게 됩니다. 우리 중의 누구도 여기에 대해서 답을 할 수는 없습니다. 그러나 김 신부는 앞에서 말씀드린 그 미사 끝에 바치는 영성체 후 기도에서 "올해는 저의 병고를 통해서 주님의 수난과 부활을 저의 몸으로 체험할 수 있게 하여 주소서"라고 기도했습니다. 김 신부는 자신의 이 기도, 이 소망 그대로 지난 반 년 동안 예수님과 함께 수난의 길을 갔습니다.

수난의 길을 가면 누구나 그 끝은 죽음을 맞이할 수밖에 없습니다. 수난의 길 끝은 죽음이기에 김 신부도 결국 거기에 이른 것입니다. 그러나 이 죽음은 육신의 죽음일망정 영혼의 죽음이 아닙니다. 이 죽음은 새로운 삶, 부활의 참된 생명으로 옮겨가는 관문입니다. 부활의 다른 면, 그것은 그리스도를 믿고 그리스도 안에서 그리스도와 함께 죽는 이의 죽음입니다. 김 신부의 죽음은 바로 이 부활의 생명으로 옮겨 가는 죽음에 불과합니다.

김재문 미카엘 신부의 생애는 26세로 너무나 아까우리만큼 짧았습니다. 그의 사제 생활은 겨우 1년 4개월입니다. 그러나 그는 큰 병고를 통해 남달리 주님의 수난에 직접 참여함으로써 그의 사제직을 가장 깊이 수행하고 완수했다고 저는 믿습니다.

밀알은 땅에 떨어져 썩지 않으면 한 알 그대로 남고, 죽고 썩으면 많은 열매를 맺는다는 성서 말씀대로 김 신부의 죽음은 우리 가운데서, 우리 사제들, 특히 그의 동창생들을 비롯한 젊은 신부님들과 신학생들에게 반드시 큰 영적 결실을 가져다주리라 확신합니다.

주여, 우리보다 앞서 간 사제 미카엘에게 영원한 안식을 주소서. 영원한 빛을 그에게 비추어 주소서. 아멘.

● 김재문 신부 장례 미사, 1980. 7. 7.

주님의 은혜에 보답한 생애

친애하는 형제자매 여러분.

우리는 지금 이 시간, 지난 십수 년간의 오랜 병고에 시달리다가 그저께 오후에 우리 곁을 떠나신 정규만 마르코 신부님의 영원한 안식을 비는 미사를 봉헌하고 있습니다.

신부님은 참으로 너무나 오랫동안 병고에 시달리다가 가셨습니다. 그러나 이제는 성서 말씀대로 죽음이 없고, 슬픔도, 울부짖음도, 고통도 없을 것입니다. 주님께서 신부님을 당신과 함께 죽고 함께 부활하는 생명과 기쁨의 나라로 불러 가셨기 때문입니다.

저는 이 기회에 매씨(妹氏)를 비롯한 유족에게 조의를 표하면서 아울러 그 오랜 세월 동안 병마의 신부님을 위해 참으로 헌신적으로 돌보아 주신 성모 병원 정한국 박사님께 진심으로 감사드리며, 지난 수년간 신부님을 직접 모신 샬트르 성 바오로 수녀원 장상님들과 모든 수녀님들께,

또 신부님 곁에서 주야로 병 간호를 해 드린 조경자(데레사)·구현숙(로사) 자매 및 그 밖의 여러분에게 진심으로 감사드립니다. 이것은 제 뜻만이 아니고 신부님께서 제게 남긴 유서에서 밝히신 것이기도 합니다.

    신부님은 정 박사님에 대해 이렇게 말씀하셨습니다. "주치의 정한국 박사님은 참으로 훌륭하십니다. 보잘것없는 소생을 살려 내시려고 한 번도 무관심하신 적이 없으셨습니다. 은인 중에 은인이십니다." 이렇게 말씀하시면서 어떻게 감사의 뜻을 다 표하면 좋을지 모르시는 것 같았습니다. 정 박사님의 그 정성 다한 돌보심은 제 자신이 직접 목격하기도 했습니다. 참으로 감사드립니다.

    그리고 신부님은 수도회에 대해서도 이렇게 쓰셨습니다. "또한 샬트르 수도회에도 무수한 은혜를 받았습니다. 20년 이상이나 수녀 한 사람을 특별히 정해 주셔서 그 수녀가 여러 가지로 어려운 세상 사람들의 말과 환경에서도 자기 소임을 다하며 소생의 간호와 살림을 보살펴 주었습니다. 이렇게 해 주신 수도회 역대 장상들께 무한한 감사를 드립니다. 늙고 병들어 아무 쓸모도 없는 소생에게 집까지 주신 수도회에 송구스럽고 죄스러운 마음 표현할 길 없습니다"라고 말씀하셨습니다.

    데레사와 로사 자매에게는 "그들은 나의 사랑하는 수호천사들이었습니다"라고 하시면서 그들에게 각각 당신의 감사의 정을 담아 남기신 것을 적어 두셨습니다.

    저도 참으로 감사드립니다. 수녀원에는 신부님께서 운명하신 후 오늘

이 장례 미사에 이르기까지 수도회 자체의 상사(喪事)와 같이 기도뿐 아니라 밤샘도 해 주시고 두루 살펴 주심에 대해서 거듭 감사드립니다.

향년 66세로 가신 신부님은 1942년 로마 유학 중 그곳에서 수품 되시고 박사 학위를 받으신 뒤 1946년에 귀국하신 이래, 1968년 병고로 휴양하실 때까지 줄곧 신학교에서 교수 또는 학장으로서 사제 양성에만 봉직하셨습니다. 그래서 저를 포함해서 제자 되는 사제의 수는 적지 않으나, 본당 생활을 하신 일이 없기 때문에 교우들 중 아는 이는 많지 않습니다. 그것은 이 장례 미사에 참석한 교우들 수가 지난번 이용유 신부님 때와 비교해서 현저히 차이가 있는 것으로도 잘 드러납니다. 더욱이 신부님은 십수 년간 병상에 계셨고, 활동을 못하시게 됨으로써 많은 이들은 이 신부님이 계시다는 것조차 알지 못했을 것입니다.

이사야서 53장 8절에 고난 받는 야훼의 종의 모습을 그린 가운데서 "그는 인간 사회에서 끊기었다"는 표현 그대로 정 마르코 신부님도 지난 수년 동안 그런 상태 속에서 사셨습니다. 그러나 그렇다고 신부님의 병상에서의 사제 생활이 세속에서의 사제 생활보다 못하다고 누가 말할 수 있겠습니까?

뿐더러 신부님은 당신의 그 고독과 병고를 통해서 그리스도의 수난에 보다 직접 참여하셨다고 볼 때, 오히려 신부님의 십수 년간의 병상 생활은—비록 하느님만이 아시는 일이겠지만—가장 값진 것이 아니었을까 하는 생각도 듭니다.

테야르 드 샤르댕이 오랫동안 병상에 누워 앓고 있는 누이동생에게 이런 뜻의 편지를 했다는 것이 기억납니다.

"사랑하는 누이야, 내가 세상의 신비를 알기 위해 오대양을 두루 다니는 동안 너는 외로이 병상에 누워 있어야만 했다. 그러나 너는 그 병고를 통해 보다 깊이 주님의 수난에 참여했다고 믿기에, 오히려 나보다도 더 주님과 함께 세상의 구원을 위해 일하고 있었다."

그리스도 수난의 깊은 참여 없이는 깊은 믿음의 생활도 할 수 없고, 사제직의 완수도 없습니다. 그렇다면 신부님은 이 병고 속에서 더욱 값지게 당신의 사제직을 사셨다고 믿습니다.

신부님은 겸손되이 제게 남긴 유서에서 "보잘것없는 소생을 하느님께 바치겠다고, 성직을 하겠다고 성직자가 되었으나, 교회의 어른들께 오히려 어려움만 드려 온 자올시다. 교구의 어려운 경제에 한 푼의 보탬도 드리지 못하고 매일매일 치료비와 생활비를 소비만 한 소생입니다. 생사(生死)는 하느님만이 하실 수 있는 일이기에 소생이 할 수 있는 일이라곤 병을 주실 때마다 순명과 인내, 평화와 감사만을 높으신 주님의 뜻과 사랑에 일치시키는 것뿐이었습니다"라고 말씀하고 계십니다.

병고를 순명·인내·평화·감사로써 하느님의 높으신 뜻에 일치시켜 받아들이는 것, 이보다 더 아름답고 더 거룩한 사제의 삶은 없다고 생각됩니다. 신부님은 참으로 내적 생활, 영성이 깊은 분이었습니다.

어제저녁 몇 가지 남기신 유고 중에서 다음과 같은 기도 시(詩)를 발견

했습니다. 1975년 12월 24일 성탄 전야에 묵상 중 쓰신 것입니다.

나의 예수님을 환영하러 가나이다.

무한히 찬란하고 황홀하기에

나의 눈은 멀었나이다.

마음의 눈만이 보나이다.

육신은 죽고 영혼만이 사는 듯하나이다.

다음에는 영혼마저 죽고 마는 듯하나이다.

……

이 미천한 종이 드릴 수 있는 예물은

마음의 사랑뿐이기에 마음속 깊이

오로지 그대에게 드리는

사랑으로 가득 채우리이다.

오! 나의 예수, 나의 전부!

나에게 필요한 것은

나 자신보다 더 잘 아시기에

더 간청할 것이 없는 듯하오이다.

만사는 오로지, 오로지 그대의 섭리와 뜻대로 하소서.

예수 그대와 더불어

사랑 속에 살려고 할 뿐이외다.

……

예수님, 그대 나에게 베푸신 은혜 무한하기에

나의 마음은 혼미를 거듭하고 있나이다.

그 은혜 보답하는 길은 그대에 대한 충실한 생활,

즉 사랑의 실천이라 생각되나이다.

나에게 은혜를 베푼 모든 이들에게

이 성탄에도 백배 천배로 갚아 주소서.

친애하는 형제자매 여러분.

이렇게까지 예수님을 사랑하신 신부님, 그 사랑 속에 주님과 함께 살기만을 늘 원하신 신부님은 당신이 원하신 대로 주님께로 가셨습니다. 마치 예수님께서 우리를 위해 모든 것을 비우셨듯이 신부님도 사랑으로 모든 것을 비우시도록 피골이 상접하리 만큼 앓으시다가 가셨습니다.

이제 신부님은 천국에서 우리를 위해 기도하시며 계시리라 믿습니다. 특히 당신을 위해 봉사해 주신 모든 이들 위에 주님의 은총이 풍성하도록 빌고 계시리라 믿습니다.

● 정규만 신부 장례 미사, 1981. 5. 9.

제4장

인터뷰

인터뷰

인간과 사랑
인간은 인간답게 살아야
힘으로 눌러서는 안 된다
정권에 고언(쭘言) 땐 밤새 고뇌
무소유의 정신
교구장직을 떠나면서
서울 대교구장 30년 회고
새 천 년의 의미

인간과 사랑

로마 교황 바오로 6세는 지난 28일 한국의 김수환 대주교(47)를 포함한 35명의 새 추기경을 임명했다. 이로써 한국 천주교 사상 최초로 이 땅에서도 추기경이 나온 것이다. 한국에 천주교가 심어진 지 192년, 교황이 세계 각지의 교회에서 가장 신심이 두텁고 학식과 덕망이 높다고 인정되는 대주교에게 수품하는 이 지위는 세계로 뻗는 한국 교회의 믿음의 상징이기도 하다. 김수환 추기경, 그의 믿음과 생애와 인간됨이 형성된 47년의 생애는 과연 어떤 것인가?

기자가 김수환 추기경을 만난 곳은 명동 대성당 내의 주교관 2층, 직접 문을 열고 안내해 준 집무실에는 각처에서 보내 온 임명 축하 화분들로 가득했다. 마치 온실인 양.

172센티미터의 키, 65킬로그램의 체중. 맑은 얼굴에 부드러운 웃음을 띄고 손을 내밀었다. 맞잡은 손이 유난히 크다고 느껴진 것은 그의 영혼의 깊이와 자애로운 마음의 폭 때문일까?

처음 소식을 들은 곳은 어디였습니까?

일본 부사산(富士山) 기슭에 있는 '작은 자매회' 수련원에서였지요. 상지 대학 재학 시절의 은사였던 게벨트 신부께서 전화로 알려 주었습니다.

■ 그러나 그토록 무거운 신의 소명이 자기에게 주어졌다는 사실이 실감되지 않았다고, 그가 처음으로 한 말은 '임퍼시블(불가능하다)'이라는 한마디였다고 한다.

교회 일로 로마에 들렀다가 일본을 거쳐서 귀국하는 길, 공항에 나가기 위해 택시에 오르기 직전이었단다. 택시 속에서도 반신반의하면서 1킬로미터 아래쪽에 위치한 성신 학교 수도원에 도착했다. 신도들이 꽃다발을 안겨 주며 축하해 주었다. 그때에야 비로소 실감했다고.

어떤 계시적인 암시라도 있었나요?

글쎄요. 없었다고 말할 수밖에 없군요. 나의 생애를 통해 계시라기보다 어떤 예감이 있었다고 말할 수 있는 일은 주교로 임명될 때였습니다만, 이번에는 없었습니다.

■ 굳이 계시라고 밝혀 말하지 않은 것은 하느님의 뜻을 인간이 알 수 없다는 신앙인으로서의 외경(畏敬) 때문인지도 모른다. 그가 주교로 임명되던 1962년 12월, 대

구에서 가톨릭 시보사 사장직을 맡고 있다가 교황 대사로부터 상경 지시를 받았다. 오순 주일이라 기차 안에서 오순절 기도문을 읽고 있었는데, 이상하게도 창세기 12장 1절이 자꾸만 되뇌어졌다. "야훼께서 아브람에게 말씀하셨다. 네 고향과 친척과 아비의 집을 떠나 내가 장차 보여 줄 땅으로 가거라." 항상 익히 보던 구절이었으나 유난스럽게 감동되어 오더라고, 계시라고 말할 수 있다면 이때의 일이라고 한다.

천주교 입문은 언제였습니까?

조부(祖父) 시절부터입니다. 그분은 66년 전이라고 기억됩니다만, 충남 덕산에서 순교하셨지요. 아버지도 독실한 신자였고, 어머니는 대구 시내에 기도 많이 하기로 소문난 분이었죠.

■ 그러나 조부의 성함은 잊어버리고 말았다고 한다. 뿐만 아니라 선대의 기록도 없어졌다고. 어린 시절이라 잘 기억할 수는 없으나, 조부가 피신을 다니면서 족보를 땅속에 파묻어 두었는데, 후일 파 보니까 폭삭 삭아 버렸더라는 말을 들었다고 한다. 작고한 선친도 미처 알려 주지 못했다고 한다. 순교로 선대를 잃어버린 가계, 한국 가톨릭의 수난이 그대로 옮겨져 가계마저 끊기게 된 집안이었다.

김수환 추기경은 1922년 5월 8일에 태어나 대구에서 어린 시절을 평범하게 보냈다. 선친 김영석(金永錫) 씨를 일곱 살 때 여의었고, 가계는 어머니의 행상으로 꾸려지는 그런 어려운 살림살이였다. 8남매 중의 막내였던 그는 군위(軍威) 보통학교를 졸업하고 교구의 도움으로 동성 상업 학교에 입학했다.

굶어 보신 적이 있는지요?

겨울에도 외투가 없었고, 사전을 못 사서 쩔쩔맨 적은 있었지만, 굶어 본 적은 없었습니다. 내일 아침에는 굶을지도 모른다는 생각이 들 만큼 어려울 때에도 막상 아침이 되면 먹게 되더군요.

어린 시절의 기억을 좀 말씀해 주십시오.

공부를 열심히 한 편도 아니고, 또 장난을 열심히 하지도 않았습니다. 그저 평범한 학동이었지요. 가장 뚜렷한 기억은 어머니께서 〈효자전〉을 읽어 주시던 일입니다.

■ 또 하나 어린 시절을 회상할 때마다 생각나는 것은 석양이 빛나는 어떤 길목의 광경이라고 한다.

극히 환상적이고 추상적인 기억입니다만, 석양을 바라보면서 과연 저 빛나는 노을의 뒤에는 무엇이 있을까 하고 생각했던 일이죠.

■ 다분히 시적인 여운을 회상에 깔고 있다.

시를 써 보신 적 있으십니까?

중학 시절엔 곧잘 썼습니다만 발표하지는 않았습니다. 한때 문학청년인 셈이었지요. 또 읽기를 더 즐기는 편이었습니다. 이런 일이 있었지요. 어느 날 조국애를 강조하는 선생님의 훈화에 큰 감동을 느끼고 조국을 주제로 한 시를 썼습니다. 당시 기숙사 사감이던 신 바오로 신부(1967년에 작고)가 이걸 보고는 조심하라고 주의를 주더군요.

사춘기에 연애 감정을 느끼신 일이 있으신지요?

■ 무척 당돌한 질문이었다고 느껴졌으나, 이에 대답하는 김수환 추기경의 표정은 그저 담담해서 안심이 되었다. 김 추기경은 기억을 더듬는지 한참 동안 말이 없었다.

누구나 느끼게 마련이겠지만, 나의 경우 기억에 남을 만큼 뚜렷하지는 않아요. 청년기를 통해서도 극복하기 어려웠던 것은 아니었다고 생각됩니다.

■ 역시 기대했던 그 이상은 아니었다. 일본으로 건너가 동경 상지 대학에 입학한 것이 1941년, 문학부 철학과에 적을 두었다. 이 시절 그는 이른바 학병으로 끌려가기도 했다. 1945년 1월, 소립원 제도(小笠原諸島)에 속해 있는 부도(父島)에 배치되었고, 여기서 해방을 맞았으나, 전투 경험은 한 번도 없었다. 해방 다음 해에 전범자 재판의 증인으로 5개월간 부도에 머물기도 했다. 1947년에 귀국, 성신 대학에 편입하였고, 이어 서독 뮌스터 대학에서 사회학을 연구했다.

어떤 태도로 생활하시는지요?

앞길을 스스로 개척하는 일은 드물었습니다. 언제나 내일은 어떻게 될지 모른다는 생각을 지녀 왔습니다. 내가 갈 길, 내가 할 일, 내가 처할 환경은 하느님의 뜻에 달려 있다고 믿고 기다리는 거지요.

■ 그러나 그 기다림은 포기하는 자의 그것이 아니다. 인간이 지닌 가능성에 대한 집요하고 패기 찬 추구를 다한 뒤, 인간의 한계성을 초월하는 세계에서의 신 앞에서의 대명(待命)을 의미한단다. 또한 그는 자신을 표현해서 '특징 없는 삶'이라고 했다. 성격도, 취미도, 식성도 모두가 한결같이 그렇다고……. 그러나 '특징 없는' 그것이 바로 그의 뚜렷한 성품이다. 적어도 외견상으로는 부드럽고 인간미가 풍기는 몸가짐, 높지는 않으나 감동을 불러일으킬 듯한 목소리는 언뜻 보아 범부를 연상하게 할 만큼 그렇게도 서민적이다.

생활에서 어떤 부족감을 느낄 때도 있으십니까?

다른 사람의 입에 자주 오르내릴수록 그 사람 자신은 더 고독해지는 게 아닙니까? 요즘의 생에서 나도 그런 것을 느껴요. 나 자신은 그렇지도 않은데, 한편에서는 거리감을 느끼는 모양이지요. 친구들도 찾아주지 않게 되고, 사신(私信)도 점점 줄고…….

■ 추기경이 느끼는 고독, 그것은 평범한 인간에게도 전해질 수 있는 성질의 것인가 보다.

한 달 잡비가 대충 5, 6천 원, 가끔 여행을 가거나 담뱃값으로 쓰이기도 하지만, 딱한 사정을 호소해 오는 사람에게 상당 액수가 지출되는 모양이다.

한가한 시간은 어떻게 보내십니까?
산책을 하거나 친구를 만나는 정도죠.

■ 영화도 싫어하지는 않아서 가끔 영화관에 들르지만, 근년에는 좀 번거로운 생각이 들어 1년에 겨우 두어 번밖에 못 갔다고 했다. 추기경도 영화는 싫어하지 않는다는 생각이 이상하게 머릿속에서 맴돌았다. 오히려 최근에는 스케줄에 쫓겨 독서를 못 한다고 걱정스러워하는 그는, 일어·영어·독어·불어·라틴어 등 5개 국어를 할 수 있다고 알려져 있다.

현대와 종교의 관계를 설명해 주시겠습니까?
인간이 진실로 인간으로서 각성을 하도록 뒷받침하는 게 종교라고 할 수 있겠죠. 현대는 점차 기계화되어 가고 있습니다. 이 속에서 인간은 자신도 모르는 사이에 인간적인 가치를 잃어 가고, 결국 절망으로 떨어지고 말지요. 종교란 현대인이 포위당할 수밖에 없는 이 절망 속에서 탈출로를 터 주는 것이지요.

인간의 한계성은 어디에 둡니까?

사람은 태어날 때, 태어나고 싶어서 태어났습니까? 왜 태어나야 했습니까? 아무도 모르지요. 그렇다면 삶은 자신이 스스로 택한 것이 아니니까, 주어진 것으로 봐야지요. 여기서 인간의 한계성이 비롯되는 것입니다.

■ 인간에게 삶을 준 자, 나를 존재시킨 자를 발견할 때 인간은 비로소 존재 의미를 지닌다고 말했다.

우리 국민에게 특별히 하시고 싶은 말씀은……

우리나라는 근래 급속한 경제 변화를 보였습니다. 물론 흐뭇한 일입니다만, 이 속에서 인간 본연의 가치를 상실할까 두려워져요. 종교를 통해 인간은 인간미가 흐르는 너와 나의 관계로서 대화를 나눌 수가 있습니다. 이것이 없으면 각박한 불신의 사태가 벌어지고 맙니다.

무신론자에게 하실 말씀은 어떤 것입니까?

무신론자들은 "우리는 신을 부정해서가 아니라 인간을 찾기 위해 노력하다 보니 결국 무신론자가 되었다"고 말해요. 이것은 명백한 모순입니다. 진실로 인간다운 인간이 되기 위해서는 인간을 비롯시킨 존재에로 오히려 귀속해야 합니다.

■ 그리하여 무신론자들은 "아무 데도 종속되지 않은 독립자가 되었다"고 말하지만, 이것은 자기의 존재 의미를 모르는 인형의 소리에 불과하다는 것이다. 이 인형의 비극은, 지성을 가진 인간에게 있어서 더 큰 비극임을 알아야 한다고 힘주어 말했다.

김 추기경과의 대담이 벌써 1시간 여, 현관에서 축하객이 기다린다는 전갈이 왔다. 손수 문을 열어 주면서 다시 한번 그 크게 느껴지는 손을 내밀어 주었다.

그는 1952년에 사제로 수품되자 안동 천주교회 주임 신부로 2년간 재직, 대구 교구 주교 비서, 김천 황금동 천주교회 주임 신부, 성의 중·고교 교장을 거쳐 1964년에는 가톨릭 시보사 사장직을 맡았다. 1966년에 주교로 피명(被命)되어 마산 교구장으로 있다가, 1968년 4월 27일 서울 대교구 주교로 임명되어 5월 29일 착좌식을 가졌다.

● 「주간 조선」, 1969. 4.

인간은 인간답게 살아야

장가가 가고 싶어서 신부가 되기 싫었다는 철부지 소년이 47세로 최연소 추기경이 되기까지 그는 왜 고통받는 자, 병들고 가난한 자의 편에 서서, 그들의 해방과 자유와 정의를 위해 조용하고도 우렁차게 외치고 있는가. 순교자의 집안에서 태어난 추기경이 순교자의 마음으로 말하는 자유와 정의에 대한 뜨거운 사랑!

깊고 높은 곳에 봄이 왔다

명동 대성당 입구에 개나리가 활짝 피었다. 예년보다 늦다는 봄이 드디어 깊고 높은 곳에까지 온 것일까? 기자는 '성당'과 '개나리'와 '봄'이라는 말들이 던져 주는 또 다른 의미를 곰곰 생각하다가 까닭 없이 둘레를 두릿두릿하며 성당 옆 주교관으로 통하는 길로 접어들었다.

"그까짓 봄, 생각지도 말고 말하지도 말자." 그런데 주교관과 서울 대교구청으로 들어가는 길옆 왼쪽 언덕엔 개나리가 불타오르는 듯 피어 있질 않은가! 그런가 하면 교구청 앞마당엔 백목련이 흐드러지게 피어 있고, 이러니 김수환 추기경(64)도 봄 얘기를 그냥 지나칠 수는 없었던 것만 같다.

"우리 주보에 났더군요. 봄이 왔는데 두꺼비가 안 나왔다고."

정말 춘래불사춘(春來不似春)인가.

주교관 3층, 커피 색 양탄자가 깔린 사무실의 추기경 자리 오른쪽 탁자엔 흙으로 빚어 구운 자그마한 인형이 놓여 있다.

"명일동에 시립 장애인 복지 회관이 있어요. 그 운영을 우리 수녀님들이 맡아서 하고 있는데, 누군지 모르지만 거기 있는 지체 장애인 한 사람이 만든 거예요. 이 표정 좀 보세요. 아주 초탈한 것 같고, 또 완전히 해방된 것 같지 않아요? 참 좋아요. 이 표정도 흔히 볼 수 있는 외국 사람의 것이 아니라 우리의 표정이지요. 그래서 내가 이걸 옆에 놓고 친구처럼 좋아하고 있지요. 하하하……."

정말 그 인형은 우리들처럼 둥글넓적한 얼굴로 초탈한 듯, 해방된 듯, 조용히 미소 지으며 앉아 있었다.

교회는 인간 해방에 노력해야

기자는, 이번만은 느긋하게 탐험을 한다는 생각보다는, 어떤 말씀을 듣고 싶어서 최근의 얘기로 우선 말머리를 텄다.

며칠 전에 로마 교황청에서, "폭정을 종식시키기 위해서는 무력 사용도 가능하다"는 뜻으로 해석할 수 있는 문서를 발표했는데, 그 뜻이 뭐고 또 왜 그런 문서가 나왔을까요?

글쎄요. 거기에도 아주 굉장히 조심스럽게 표현을 했지만, 불가피한 경우에, 정말 많은 검토를 해서, 이 길밖에 길이 없는지를 묻고 또 물어보고 나서 마지막으로 할 수 없다는 그런 때에 가능한 얘기가 아닌가……. 무저항, 비폭력 이런 거 다 해봤지만 선이 악에 짓눌려서 숨을 쉴 수 없을 때, 그걸 그냥 두면 희생자가 너무 많을 때, 그 악을 미워해서가 아니라 희생되는 많은 사람들을 사랑하기 때문에 정말 어쩔 수 없을 때 마지막으로 맨 마지막으로…….

그런데 이런 문서가 남미의 해방 신학, 필리핀 사태, 이런 것들과 무관하게 들리지 않거든요?

그건 그렇죠. 바티칸에서 남미의 교회에 대해 어떤 의미로 염려를 한 거죠. 해방 신학 안의 마르크스적 요소라든지. 하여튼 해방 신학을 무조건 좋지 않게 보지 않는 데까진 오게 된 거죠. 그러나 잘 알아들어야 돼요. 원칙적으로 교회가 인간의 해방을 위해서 노력해야 하고, 그것을 위해서 있어야 하는 것이 교회의 사명이다. 이걸 분명히 밝히는 겁니다.

그 문서가 필리핀 사태 전부터 준비됐겠죠?

그럼요. 작년 11월, 제가 로마에 가서 주교 회의에 참석했을 때 이런 문서가 나올 거란 말을 들었어요.

필리핀에서 마르코스 정권을 종식시키는 데 하이메 신 추기경과 천주교회가 아주 큰 역할을 하지 않았습니까?

그래요. 마르코스가 떠난 다음에 내가 신 추기경한테 전문을 보냈죠. 정말 수고했다고, 축하한다고. 그리고 앞으로 필리핀의 국민들이 일치단결해서 번영을 이루기 바란다고. 그랬더니 거기서 편지로 긴 답이 왔어요. 아주 고맙다고.

지난 3월 1일부터 우리 천주교회에서도 '정의와 평화를 간구하는 9일 기도회'가 열렸었죠?

그것도 사실은 필리핀과 아무런 관계가 없어요. 우린 작년에도, 학원 안정법을 밀고 나가면 그런 기도회를 하려고 했어요. 그것도 아주 강하게 할까 했어요. 그러다가 학원 안정법이 보류돼서 그만뒀죠. 그 후 교회 내부에서 기도회를 하기로 했는데, 필리핀 사태는 그것대로 발전이 된 것이지요. 벌써 1월부터 그랬지요. 그래서 전과는 달리, 이번에는 우리 교회에 9일 동안 기도를 드리는 전통이 있으니까, 서울 대교구 내의 모든 본당과 기관에서 9일 동안 기도회를 하자, 이렇게 된 겁니다. 밖에서 보기에는 필리핀을 본받아서 그렇게 한 것 같지만 오비이락(烏飛梨落)이지요.

인간은 인간답게 살아야

그때 TV에서 우리나라의 사태는 필리핀과 다르다는 보도를 부쩍 했었죠.

3월 9일, 제가 성당에서 우리나라와 필리핀을 비교했었죠. 필리핀이 우리나라와 같다느니 아니라느니 자꾸 하는데, 우리는 사실 필리핀과는 다르다. 또 달라야 된다. 우리는 필리핀처럼 누구를 몰아내는 일이 있어서는 안 되겠다. 우리에게는 마르코스가 쫓겨나듯이 아무도 그런 일이 있어서는 안 되겠다. 이런 말을 하고요, 민주화를 위해서는 집권한 사람들을 위시해서 정치하는 사람들이 화해해야 한다. 이렇게 말했죠.

하느님과 화해해야 한다는 뜻은…….

민주화라고 하면, 직선제로 누구를 뽑는다든지 하는 정치적인 민주화는 오히려 2차적이라고 할 수 있고, 정말 민주화는 인간이 인갑답게 살 수 있게 되는 겁니다. 인간이 인간답게 살려면 인간으로서 근본적인 자유를 누릴 수 있고, 자기가 소망하는 길로 아무런 구애를 받지 않고 갈 수 있고, 자유롭게 진리를 추구하고, 자유롭고 정의롭게 살고, 양심대로 살아서 아무런 부끄럼도 없고 그래야 되거든요. 최근 김용옥 교수는 정말 떳떳하게 자기 소신을 밝혔더군요. 이런 식으로 인간이 인간답게 살기 위해서 우리가 민주주의를 하자고 하는 게 아니겠어요? 그것이 또 하느님이 뜻하시는 겁니다. 하느님이 인간을 창조하셨을 때 당신의 모습대로 하셨어요. 그러니까 우리 인간도 하느님처럼 참으로 정의롭고 자유롭게 진리를 추구하고 사랑하며 훌륭하게 자기 발전을 하고, 우리 인간 가족 모두가 아름답게 사는 것, 이게 하느님이 원하시는 것이거든요. 이것이 현실적인 정치 제도로는 민주주의죠. 그래서 교회가 자유와 정의를 위해 사명을 다하는 겁니다. 그러니까 하느님의 뜻에 어긋난 사람들이 하느님 뜻에 따라 사는 것, 그게 하느님과 화해하는 일입니다.

■ 얘기가 다시 필리핀으로 되돌아갔다. 투표함을 지키던 필리핀의 수녀들을 떠올리며 추기경은 7년 전으로 거슬러 올라갔다.

필리핀 교회는 민중을 참으로 해방하는 교회의 사명에 일찍부터 눈을 떴다고 볼 수 있어요. 10·26이 있던 1979년 말, 그때 우리가 희망을 좀 가지고 있었을 때, 필리핀 교회의 초대를 받아 거기에 가 있었어요. 필리핀의 성직자, 수도자들 앞에서 복음적 청빈에 대해 얘기를 했는데, 거기 모인 이천여 명 중에 수녀님들이 80%쯤 됐어요. 얘기가 끝난 다음에 질문을 받았는데 한 수녀님이 "주교님, 우리가 가난하게 사는 데 대해 좋은 말씀을 해 주셨습니다. 그건 좋지만, 지금 많은 사람들이 압제에 의해서 인간적으로 도저히 눈뜨고 볼 수 없는 비참한 지경에까지 떨어져서 고통을 받고 있는 상황이 지속될 때에 교회는 단지 말로만 하고 그칠 겁니까, 아니면 어떤 행동으로, 말하자면 폭력을 쓸 수 있습니까, 없습니까?"라고 질문을 했어요. 그래서 저는 그때 이런 대답을 했어요. "그레

이엄 그린의 작품에서 이런 걸 읽었습니다. 라틴 아메리카에서 어느 신자들이 고통받고 있는 이웃을 보고 의분에서 궐기해 싸우다가 죽었습니다. 그때 가톨릭 신자로서 그렇게 폭력을 쓴 것이 올바르냐 하는 문제가 제기 됐습니다. 그런데 본당 신부가 이 사람들이 폭력을 쓴 것은 잘못인지 모르겠다. 그러나 이들은 분명히 가난한 사람들에 대해서 크게 관심을 가졌던 사람들이다. 우리는 그 점을 존중해야 된다. 그러고서 아주 정중하게 장례식을 치렀다는 대목을 읽은 일이 있습니다." 그러니까 폭력은 안 되지만, 그들이 가졌던 인간에 대한 사랑과 정의감은 존중돼야 한다는 의미죠.

하이메 신 추기경과 수녀들

■ 여기서 우리는, 반백의 머리에 긴 인중을 가진 추기경의 얼굴에서 사랑과 평화의 정신으로 가득 찬 그 어떤 분의 얼굴과 언뜻 겹쳐 보임을 느낄 수 있다. 그가 그분의 얘기를 대신하고 있기 때문일 것이다.

저는 그 작품을 얘기하면서 교회는 철두철미하게 비폭력적이라야 한다, 결국 폭력을 쓰면 폭력의 악순환밖에 더 있겠는가, 우린 그런 경험을 많이 하지 않는가 하고 말했어요. 또 제가 예를 들기를 가령 예수님을 보자, 예수님 시대에도 우리 시대 못지않게 많은 사람들이 고통에 시달리고 있었지만 그들을 해방시키기 위해서 예수님이 자신의 모든 것을 바치셨지, 힘을 쓰셨는가……. 예수님도 그때 폭력을 쓰려면 쓸 수 있었을 것이다. 많은 사람들의 인기가 예수님께 집중됐을 때니까 힘을 쓸 수도 있었는데, 그렇게 하시지 않았다. 결국 예수님은 자신의 모든 것을 바치는 십자가를 지고 가셨고 거기서 죽으셨다. 바로 그 때문에 그 십자가가 오늘 우리에게 어떤 힘보다 인간을 해방시키는 더 큰 힘을 가지고 있지 않느냐, 그런 얘기를 해줬어요.

그래서 우리도 그런 길을 가야 된다고 했더니, 한 사람이 다른 질문을 하고 나서 또 다른 수녀들이 일어나서 세 번째, 네 번째 연거푸 같은 질문을 해요. 정말 우리 가만있어야 하겠는가, 이겁니다. 그때 내가 놀랐어요. 야, 필리핀 여자들이 강한 여자들이구나! 이번에 수녀님들이 투표 참관을 하고 투표함을 지키고 있었다는 걸 보고 그때 수녀님들이 연상됐어요.

물론 신 추기경님도 상당한 역할을 한 것 같아요. 그분은 사실 좀 보수적인 분인데 밸런스가 있는 분이죠. 필리핀 교회에 인재가 많아서 그때 사태 진전을 보면서 의논을 많이 했답니다. 신 추기경님도 지난번 선거가 필리핀 국가의 기로가 되고 국민들의 사활이 달려 있다는 걸 알고서 당신 자신이 아주 투신하다시피 하지 않았는가 이렇게 생각합니다.

어떻든 필리핀이 폭정을 종식시키는 한 모델을 보여줬다고 하던데요.

네, 그래요. 그것도 아주 기적 같아요.

사심만 없으면 안 될 일 없다

추기경께선 최근 발표한 메시지에서 오늘을 위기라고 규정하셨는데, 구체적으로 무엇을 위기라고 하시는 겁니까?

오늘의 위기, 그거 다 알잖아요. 정치적으로는 너무 대립이 양극화 돼 있고, 경제적으로도 어려움에 직면하고 있잖아요. 외채만 해도 그게 얼맙니까?

정치적 문제만 해도, 대립이 이렇게 심해지면 나중에 가선 큰 충돌도 있지 않겠어요? 어떤 사람들은 그 충돌을 바라고 있는지는 모르지만, 정말 충돌까지 간다 할 때는 많은 사람들이 피를 흘려야 되지 않느냐 하는 생각까지 들어요. 이래서는 안 되죠. 잘못했다간 위정자들만 아니라 국가까지 흔들리는 그런 상황에 부딪힐지 모릅니다. 걷잡을 수 없는 상황에 빠지면 이제 누가 질서 잡는다고 나올지 모르죠. 이런 악순환이 계속되면 국민은 좌절하고 말아요. 젊은 세대들도, 남들이 하는 민주주의를 우리는 언제 해 보느냐, 우리는 왜 밤낮 이래야 되느냐 하고 희망을 잃게 되지요. 요즘 신문을 보니까 젊은이들이 기성 세대가 도덕적이지 않다고, 거짓말을 한다고 믿고 있더군요……. 이러니 오늘날이 위기 아닙니까?

이런 답답함을 추기경께서 기도와 화해로 풀자고 하셨는데…….

정치의 민주화가 모든 문제를 푸는 관건이지요. 위에서부터 막히니까 다른 게 진행이 안 되는 거요. 기자들도 뭘 말하려면, …… 이 다음에 뭘

해 먹고 살까, 이런 생각도 하게 될 테고. 그러니까 정말 답답해요. 고려대학의 김용옥 교수 모양으로, 기자는 기자대로 두려움 없이 글을 쓸 수 있고, 교수는 교수대로 자기 양심대로 말할 수 있고, 지하도 내려갈 때 젊은이들 눈길 의식 않고 맘 편히 걸을 수 있고, 그 이상한 망을 뒤집어 쓴 버스도 안 봤으면 좋겠고. 그랬으면 얼마나 좋겠어요.

그렇게 되려면 어떻게 하면 되겠습니까?

내가 정부의 높은 분들에게 말했습니다. 정치의 민주화를 해야 되는데 그걸 당신들이 하시오, 국민들에게 사과할 거 있으면 속 시원히 사과하고, 앞으로는 민주적으로, 헌법도 필요하다면 고치고, 재야의 누구누구도 필요하다면 다 함께 만나서 상의하고, 그렇게 하시오. 그렇게만 하면 야당이 밤낮 개헌하자고 거리에 나갈 일도 없고, 학생들도 데모할 일이 없을 거요. 또 그렇게만 하면 모두가 원하는 민주화의 기틀을 놓았다는 영광을 당신들이 차지하게 될 거요. 또 잘만 하면 이 다음에라도 선거에 이길 것이고 진다고 해도 그렇게 훌륭한 일을 한 당신들을 보복할 수 없을 거요. 이렇게만 되면 86아시안 게임도, 88올림픽도 축제 분위기 속에서 치를 수 있지 않겠느냐, 내가 이런 말을 그분들에게 했습니다.

■ 추기경은 이렇게 말하고 나서 소년 같은 미소를 지었다.

내 생각이 너무 단순한가요?

■ 기자가 미처 대답을 못하고 머뭇머뭇 하니까 추기경이 말을 이었다.

그러면 우리 국민이 세계 앞에 우리의 우수성을 떳떳하게 자랑하게 될 텐데. 다른 나라 사람들도, '야, 한국 사람들 세계에서 넘버원이다. 필리핀은 마르코스를 내쫓았지만 한국은 정말 다르다!' 하고 모두들 기뻐하지 않겠어요? 내 생각이 너무 단순합니까?

글쎄요. 그렇게 된다면 얼마나 좋겠습니까?
사심만 없으면 돼요. 지금 정권을 쥐고 있는 사람들이나 민주화를 하자고 하는 사람들이나 정권에 대한 미련 없이 오직 국민과 나라를 위해서라면 뭐든지 하겠다는 자세만 되면 돼요.

국민적 힘을 믿고 있는 측도 있을 텐데요.
국민적인 힘이 승리할지는 모르지만 결국 희생이 뒤따르게 되죠. 지금 정부 여당의 사람들도 다 나름대로 애국심이 있는 사람들일 겁니다. 그 사람들이 정말 허심탄회한 마음으로, 마음을 비운 자세로 임한다면 국민들이 지지할 겁니다. 그리고 지금 정권을 맡고 있는 측에서 주도적으로 민주화를 진행하면 사회 질서를 유지해 가면서 할 수 있습니다. 혼란이 없으면 경제 발전도 중단되지 않습니다.

눈물 닦아 주는 정치를 해야

추기경께선 3월 9일의 강론에서 '불의를 보고 분노하며 자신의 개인적 안락과 미래까지도 포기하면서 정의를 위해 몸과 마음을 바쳐 싸우는 이들도…… 불의를 저지른 이들, 박해하는 이들에 대한 미움과 원한, 편견과 저주를 버려야 한다'고 말씀하셨습니다. 이 말씀을 듣고 추기경님은 어느 쪽에도 치우치지 않고 옳은 말을 하시는 분이란 생각을 했습니다.

우리가 정의를 추구하는 그 근본적인 이유는 인간을 사랑하기 때문입니다. 그러니까 우리가 정의를 추구하면서 미움을 가지면, 그건 이미 사랑이 아닙니다. 사랑에 기초하지 않으면 정의가 아니에요. 라틴말 격언에 "극단의 정의는 극단의 불의"라는 말이 있어요. 셰익스피어의 작품 베니스의 상인을 보면 수전노 샤일록은 빚쟁이에게 저당으로 잡힌 한 파운드의 살덩이를 내놓으라고 재판을 하잖아요. 그건 정의가 아니거든요.

제가 공산주의를 싫어하는 이유 중의 하나가 공산주의는 미움의 교육을 시키기 때문입니다. 아주 어릴 때부터 총칼을 가지고 '양키들'을 쳐부수는 교육을 시켜요. 그것은 인간을 비인간화하는 아주 무서운 거예요.

박정희 대통령 때엔 '초전 박살'이라든지 '때려 잡자, 김일성'이라든지 하는 그런 표현들이 있었어요. 그래서 내가 그런 표현을 쓰지 말라고 그랬어요. 아무리 김일성이 밉더라도 애들이 그런 표현을 쓰기 시작하면, 김일성을 때려잡으려면 한참 걸릴 것이고, 여기서 누굴 먼저 그렇게 하게 된다고요. 그건 심성을 파괴하는 표현이에요.

또 아무리 불신 풍조라지만, '이웃집에 오신 손님, 간첩인가 다시 보자'라는 표어도 있었지요. 신고도 해야 되고 간첩도 잡아야 되지만, 이렇게 하면 우리 정부에서 불신 사회를 없애자면서 불신 사회를 만드는 일이 됩니다.

마찬가지로 우리가 정의를 위해서 싸운다 하더라도 자기 스스로가 악의 세력과 같은 악이 돼서는 안 되죠. 우리가 정의를 위해서 싸우는 것은 사랑의 사회를 만들기 위해서, 인간을 사랑하기 때문입니다. 그러니 그런 사랑의 사회를 추구하는 사람이 미움을 가져서는 안 됩니다.

대학생들의 일부가 좌경화됐다고 걱정하는 사람들이 적잖은데요.

대학생들이 이 정부의 판단으로 좌경화됐다고 할 수도 있을 만큼 나갔는지도 모르겠어요. 그러나 근원적으로 정말 그들이 공산주의자냐고 나보고 묻는다면 나는 아니라고 대답하겠어요. 민족주의적 사회주의 경향이 아닌가 해요.

학생들의 일부가 왜 그런 쪽으로 흐르게 됐을까요?

농민·노동자·도시 빈민들이 현재의 경제 구조로 헤어날 수 있느냐를 생각할 때 어려운 점이 많아요. 얼마 전에도 충남의 한 농촌 후계자가 소를 키워 손해 보고, 또 농사지어 손해 보고, 그래서 희망이 없으니까 자살을 했다고 신문에 났더군요. 농민은 부채에서 헤어나지 못해 빈농으로 떨어져서 어느 날엔가 가진 재산 다 팔아서 도시로 오지 않으면 안 되죠. 도시로 와서는 방 한 칸 구할 수 있습니까? 그러니까 결국 도시 빈민으로 떨어지고, 그러다가 무슨 개발에 밀려나게 되고, 공장에 가 받는 얼마 되지 않은 돈으로 살아야 되죠. 이런 사람들이 도대체 얼마입니까? 농촌 인구가 아직도 천여 만 되죠. 노동 인구도 천여 만 가까이 되죠. 도시 빈민은 얼마예요. 학생들이 이걸 보고 '민민투'인가 뭔가를 하게 되는 게 아니겠어요. 학생들이 좀 래디컬하지만 피끓는 정의감으로 그러는 것이니 이해해야 돼요.

■ 사회를 만든 어른들의 잘못이란 말이 된다. 추기경의 말은 준엄하다.

우리가 지금 농민을 살리고, 노동자를 살리고, 도시 빈민을 살리기 위해 애쓰고 투자해야 하지 않느냐 이겁니다. 국민들이 지금 어떤 고통을 겪고 있는가를 알아야 합니다. 고통을 받는 국민의 편에 설 줄 알아야 됩니다. 제발 당신들 다른 것 말고 국민의 눈에서 눈물을 닦아주는 정치를 해야 합니다. 이게 네루가 한 말이지요? 그런데 당신들 때문에, 눈물을 닦아 주기는커녕, 한 맺힌 눈물을 흘려서야 되느냐 이겁니다.

가끔 목동, 사당동 같은 데서 철거되는 사람들이 나한테 와서 딱한 사정을 얘기해요. 그들이라고 다 옳은 건 아닐 겝니다. 물론 시장은 어떻게든지 이 도시를 깨끗하게 해야 되고, 그러자니 그 사람들을 더러운 동네에서 밀어낼 수밖에 없을지 모르죠. 그래, 제가 시장님한테 그랬어요. "개발은 좋다. 개발은 하되 그곳에 살고 있는 사람들이 개발의 혜택을 받도록 할 수 없는가. 좀 덜 아름다우면 어떤가. 그 사람들 거기서 떠나게 하면 피눈물 흘린다"고 했어요. 국민들 눈물을 닦아 주는 정치를 해야 되는데 말입니다.

시(是)는 시(是), 비(非)는 비(非) 분명히 가려야

요즘 KBS의 편파 보도가 문제가 되고 있는데 TV는 자주 보십니까?

보기 싫으니까 자주 보지 않아요. 미안한 얘기지만 요새는 AFKN의 뉴스를 주로 봐요. 10시 반에 '나이트 라인'이라고 테마 중심으로 하는데, 테드 커펠이라는 앵커맨이 재미있게 잘하고 있어요. 그러니까 우리나라 뉴스는 거의 안 봐요.

편파 보도 문제는 어떻게 생각하십니까?

안되죠. 그러면 정말 안되죠. KBS에 있는 분들은 공정한 보도를 하고 싶어도 그렇게 할 수 없는 사정이 있는지도 모르고요. 정말 언론 정책을 잘 써야 합니다. 신문은 요즘 좀 노력하는 것 같은데, 신문도 그래요. 시는 시, 비는 비, 이렇게 분명하게 쓰면 좋은데, 이건 여당도 치고 야당도 치고 양쪽을 다 치고 두루뭉술하게 한단 말이에요. 물론 읽은 사람은 신문이 뭘 말했는지 알긴 알아요. 그렇지만 쓰는 사람은 자기가 피할 길을 마련해 놓고 글을 쓰는 것 같은 인상이 풍겨요.

추기경님께서는 우리나라의 서광이 보이십니까?

솔직한 얘기로, 서광이 비친다고 말할 수 없고, 하느님께 의지할 수밖에 없다는 그런 생각이 들어요. 제가 쓰는 글을 유심히 보시지는 않았을 겁니다만, 정치적인 얘기를 하면서 뒷면에 가서는 우리가 좀 더 고통을 겪어야 할지 모른다는 뜻을 비쳐요. 우리의 고통이 우리가 원하는 대로 빠른 시일 안에 끝나는 게 아니고 더 끌어 나갈는지 모른다는 생각도 들어요. 누가 저한테 "여야가 개헌 문제에 대해 합의를 볼 것 같습니까?" 하고 질문을 해요. 그럼 저는, 정치인도 아니고 해서 잘 모르겠고, 단지 저는 그렇게 되기를 기도한다, 그 말밖에는 못하죠. 며칠 전에도 미국 대사관에 새로 온 분이 와서 그런 질문을 해서 "어떤 의미로는 당신이 한국 정치에 대해서 더 잘 알게 아닌가?" 그랬어요. 그건 그렇고 오 선생님은 언론계에 계시니까 잘 아실 텐데 세상 돌아가는 게 어떻습니까?

■ 기자는 인터뷰를 하면서 시계를 흘끔흘끔 봐야 했다. 약속된 두 시간이 거의 다 지나갔기 때문이었다. 그리고 우선 급한 질문만 하느라고 정작 탐험엔 손도 못 댔기 때문이었다. 그런데도 추기경은 이렇게 말했다.

어서 계속하세요. '인간 탐험' 하세요.

■ 그러나 그때 이미 점심때가 기울었고, 또 인터뷰 때문에 밀린 손님들이 비서실에서 기다리고 있었던 것이다.
추기경은 할 수 없이 무례한 탐험꾼들을 그날 저녁 7시에 주교관 숙소로 초대했다.

평범한 가장으로 살고 싶었다

주교관 2층에 있는 주교 숙소의 침실은 세 평쯤 돼 보였다. 길다란 방 한끝엔 길이로 수수한 침대가 놓여 있었고, 그 옆엔 요가 깔려 있었다. 침대 위엔 옅은 분홍색 이불이 곱게 개켜져 있었는데, 추기경은 그게 마음이 쓰였던 것 같다.

이불 색깔이 너무 곱지요?

■ 기자는 장판 방에 깔린 요를 보며 질문했다.

바닥에서 주무십니까? 침대에서 주무십니까?
침대에서 자는데, 가끔 쉴 때 여기 바닥에 눕지요.

■ 문을 닫고 나오려는데, 침대 옆 바닥에 놓인 양말 한 켤레가 언뜻 눈에 뜨였다.

적적하지 않으십니까?

■ 다섯 평쯤 될 것 같은, 그리 크지 않은 서재의 의자에 돌아와 앉으며 추기경이 입을 열었다.

왜, 쓸쓸해 보여요?

■ 기자가 아무 말을 못하고 있으니까 추기경이 말을 이었다.

요전에 우리 수련장에서 잠시 쉬는데 부엌에서 달그락달그락 그릇 부딪치는 소리가 났나 봐요. 그걸 듣고 누가 그래요.
"부엌에서 그릇 소리 나면 생각나는 거 없어요?"
그거 참 이상해요. 그릇 소리 날 땐 고향 생각, 어머니 생각이 나요. 오선생님은 우리 고향에 다녀오셨다니까 말인데, 제 고향은 대구인데, 마음의 고향은 따로 있어요. 어느 집이라고 지적할 수 없는 고향 집에서 어머니와 가족들과 함께 살던 그 고향……

오래전에 추기경님께서 쓰신 글을 읽었는데, 저녁때 오두막집에서 연기가 올라오는 걸 보며, 나도 저렇게 살았으면 하셨다지요?

어떤 의미론 그것이 제 꿈이죠. 그런 평범한 사람이 돼서 그렇게 살고 싶었어요. 어릴 때부터 양지바른 곳에 있는 집을 보면, 저런 데서 평범한 한 가장으로서 자식들하고 살면 얼마나 좋겠는가, 이런 생각을 했죠. 제가 성장하면서도 늘 그런 생각을 해서, 기차를 타고 어딜 갈 때도 어스름하게 해질 때 조그만 집에서 연기가 올라오는 걸 보면, 저 집은 얼마나 단란하겠는가 하고 생각하며, 내 자신을 그 집의 주인공으로 상상해 보지요. 아! 그렇게 됐으면 얼마나 좋을까…….

지금도 그런 생각을 하세요?
이제는 늦었어요. 너무 늦었어요. 늦어서 그런 생각은 못하고 잘 죽었으면 해요.

단순히 편안하게 운명하시고 싶다는 그런 말씀이 아닌 것 같은데요.
그럼요. 하느님 앞에 죄를 용서받고 그 품속에 편안히 잠들 수 있었으면……. 우리 기도서에 이런 말이 있어요.

■ 추기경은 기도서를 가져와 펼쳐 보였다.

이거 보세요. '안심하라 아들아, 너는 죄를 용서받으리라.' 오늘 아침 이걸 읽었어요. 참 이보다 더 위안받는 말이 없을 것 같아요. 한 인간으로서 일생을 살아가는 동안 내가 누구를 온전한 마음으로 사랑한 일도 없고, 세월이 지나면서 덕을 자꾸 닦아야 되는데 그것도 안되고, 덕은 없고 변덕만 자꾸 늘어가니……. 변덕도 덕이라죠?

■ 평범하고 솔직하게 흘러 나오는 말들이, 너무 평범하고 또 너무 솔직해서 하나같이 예사롭지 않게 들린다.

순교자 집안의 막내아들

■ 김 추기경의 조부 김보현(요한) 공은 병인 대교난에 휘말려 순교한 분으로 알려져 있다. 충남 연산 광산 김 씨 집성촌에 살던 김 공 일가는 천주학을 했다고 해서 모두 관가에 잡혀갔지만, 부인 강 씨(추기경의 조모)는 마침 임신 중이어서 풀려났다. 후에 김 공은 교수형을 당했고, 부인은 거지가 돼서 문전걸식을 하다가, 살을 에는 추위 속에서 부락에서 주워 온 볏섬을 산비탈에 놓고 그 속에 들어가 아기를 낳으니, 그가 곧 영석(永錫) 공으로 추기경의 선친이다.

강 씨 부인은 고난 속에서도 신앙을 잃지 않고 있다가, 10여 년 뒤에 박해가 뜸해졌을 때 서울에 와서 활동하던 프랑스 외방 전교회 소속 뮈텔 민 신부와 로베르토 김 신부의 곁에서 살게 된다.

당시 민 신부는 이렇게 한탄했다 한다.

"양반집 부인이 어린 아이들을 데리고 문전걸식을 하다니!"

민 신부는 사방에 수소문해서 이 순교자 가족들을 서울로 불러올리게 된 것이다.

그 2, 3년 뒤 강 씨 부인이 세상을 떠나고 어린 영석은 신부님들 밑에서 살면서 서양 선교사들이 가져오는 금계랍(키니네, 학질 특효약) 장사를 하면서 영남 지방을 드나들었고, 또 옹기 일을 배우기도 했다. 박해를 피해 산에 숨어 살던 교인들이 옹기로 생업을 삼은 예가 많아서 일 배우기가 어렵지 않았던 것이다.

영석 공은 31세 때 대구에서 명망 있는 신자 가정인 서용서(徐用瑞)의 딸 중하(仲夏) 양(당시 17세)과 결혼한다. 그때 중매를 한 사람은 어려서부터 그를 보살펴 준 로베르토 김 신부로, 김 신부는 당시 대구 천주교회를 맡고 있었다. 대구에서 결혼한 김 공 부부는 한때 충남 합덕에도 잠시 살았지만, 그 후 옹기를 생업으로 삼아 대구 근처를 전전하면서 살게 된다. 그들은 왜관의 장자골과 평장목, 김천의 지대골과 신나무골, 그리고 군위의 용대동 옹기굴을 전전하면서 옹기를 구워 팔았고, 때론 농사를 좀 짓기도 했다. 이러는 사이 장녀 명예(命禮, 1903), 차녀 명금(命今, 1905), 장남 달수(達洙, 1909), 차남 필수(彌洙, 1911) 씨가 태어났다. 신부가 된 3남 동한(東漢, 1919) 씨는 김천 지대골에서 태어났고, 막내 아들 수환(壽煥) 추기경은 1922년 음력 5월 8일 대구 남산동에서 태어났다. 지금은 대부분 작고하고 필수 씨와 추기경만 생존해 있다. 김동한 신부의 이름을 돌림자인 수(洙) 자를 넣어 짓지 않은 내력이 있다. 그가 태어난 곳은 김천 직지사 앞 옹기굴 동네 지대골이었는데, 영석 공은 부인이 아들을 낳자 미역을 사러 김천 장으로 부지런히 가고 있었다. 이때 누가 뒤에서 따라오며 불러 세우는 게 아닌가. 돌아보니 낯선 스님이었다.

"보아 하니 아들을 얻었는가 싶은데, 이름을 동한이라 하시오. 후에 큰 중이 될 거요."

영석 공은 '그래, 후에 신부가 되면 서양 중이 되는 셈이지' 하고 아들 이름을 동한이라 지었다 한다. 그가 후에 신부가 됐으니, 스님의 말이 헛말은 아니었다.

영석 공은 다음에 얻은 아들 이름도 돌림자를 넣지 않고 한자를 넣어 지었다고 한다.

김 추기경은 말한다.

제가 초등학교 다닐 때는 이름이 수환이가 아니고 순한이었어요. 그래서 구미에서는 "순한아!" 하고 불렀죠. 순하다고 그랬는지, 순하다는 말은 들었어요. 그런데 나중에 대구로 옮기면서 호적을 떼어보니까 수환이야.

■ 추기경의 형님 필수 씨는 호적 서기 잘못으로 이름이 바뀌었다고 말한다. 어떻든 뜻하지 않게 바뀐 이름이 나쁘진 않은 모양이다.

세상에서 가장 소중한 어머니

■ 추기경의 조부 김보현 공이 순교자였다는 건 의심의 여지가 없으나, 그 내력이 확실치 않다. 추기경도 자신의 뿌리를 찾으려고 해 봤다.

저의 아버님(영석)이 누님들한테, 너희는 동생들을 데리고 연산으로 가라, 거기 가서 아무개 자손이다 하면 괄시받지 않을 것이다 하고 유언을 하셨다고 해요.

몇 해 전에 연산에 가 봤습니다. 가기 전에는 연산이 우리 선대의 고향이라고 하니까 뭔가 늘 애착이 있었어요. 교회사를 연구하는 마백락 선생한테 들으니까, 연산 가면 어디에 공소가 있고 누굴 찾아가면 된다고 그래요. 그런데 내가 길을 잘못 들었는지, 말이 맞지 않아요. 그러니까 아주 막막해요. 이론적으론 거기가 제 뿌리지만, 친척도 없고, 또 감정적으로는 아무런 접촉이 없었으니까 그저 막막하기만 해요. 그래, 몇 집 찾아다니다가 그냥 돌아왔어요.

■ 물론 지금 광산 김 씨의 족보나 파보에서 그들의 뿌리를 찾기는 힘들다. 당시엔 그런 죄인들을 족보에서 파냈다고 한다. 조모 강 씨는 걸식을 하면서도 족보만은 옹기 그릇에 담아 산속에 파묻었다고 하는데, 그게 어디 묻혀 있는지 찾을 길이 없다.

할아버지가 순교자라는 건 확실한데, 저는 어머니한테 그 교수형을 당한 자리를 충남 합덕으로 들었고, 형님(동한)은 공주로 들었어요. 그것부터가 틀려요. 무명용사라는 거 있죠? 무명용사의 무덤에 가면 불이 계속 타오르잖아요. 이름 있는 용사의 무덤엔 불이 타오르지 않아도……. 그래서 우리 할아버지도 무명용사로 두는 게 더 낫겠다, 이런 생각이 들어요.

■ 순교자의 집안이 실낱처럼 이어져서 그 자손 가운데 추기경이 나왔다는 게 정말 예삿일은 아닌 것만 같다.

우리 아버님은 절 부를 때 충청도식 억양을 붙여서, "순환아아-" 이러면서 부르셨어요. 그걸 동네 사람들이 흉내 내고 그랬어요. 제가 초등학교에 입학하던 해 돌아가셨는데, 해수병으로 고생하셨지요. 제가 아버지를 많이 닮았다고 해요. 그래, 지금도 아버지 생각이 나면 거울을 보지요.

■ 그에게 있어 어머니는 어떤 분인가? 추기경이 최근에 쓴 감동적인 명문 '어머니, 우리 어머니!'에서 몇 구절을 인용함으로써 그에게 있어 어쩌면 가장 큰 의미를 가지고 있을 어머니의 면모를 더듬어 본다. (인용문 생략. 이 책 13쪽 이하 참조) 이 글을 읽노라면, 어머니가 하신 말과 정성으로 보아 그의 아들이 어떤 사람이 됐으리란 상상을 하기 어렵지 않다. 추기경은 지금도 모든 사람에게 '님' 자를 붙여 경어를 쓴다. 기자를 부를 때도 꼭 '오 선생님!'이라고 했다. 그가 불의를 멀리하고 정의와 자유를 얼마나 사랑하는지 앞에서 들은 바와 같다.

장가가고파, 신부 되기 싫어

어떻게 이런 명문을 쓰셨습니까? 직접 쓰신 거죠?

제가 쓰고 나서 어떤 땐 누구한테 보여 주고 좀 고치지요. 경상도 사투리가 남아 있어서 낱말도 틀리고요. 철자법도 틀린 게 있어서 고치지요.

메시지도 직접 쓰시나요?

대부분 직접 쓰죠. 최근에 와선 아이디어를 다른 사람에게 주고 쓰게

해서 제가 손 좀 보기도 하고 그러지요.

■ 얘기가 다시 옛날로 돌아간다.

제가 한 살 때 죽을 뻔했대요. 그래서 우리 어머님이 저를 안고 성당에 가서 견진 성사를 받았답니다. 그러니 이 육십 몇 년은 덤으로 사는 거죠. 또 네 살이나 다섯 살 땐, 우리가 선산에 살았는데, 일본 사람들 심상 소학교 옆에 살았어요. 그런데 그 교장의 아들이었다고 생각되는데, 그 애가 돌을 던져서 여기(오른쪽 이마의 상처를 가리키며) 이렇게 상처가 났어요. 일본 사람한테 맞았으니 말하자면 애국지사죠. 김일성이 같았으면 일찍이 독립 투쟁을 하다가 부상했다고 그럴 수 있겠죠. 하하하…….

■ 그 모든 것의 근원이라고 할 수 있는 어머니에 대한 추억은 또 실타래처럼 풀려 나온다.

어머니는 장에 가셔서 그 알록달록한 〈효자전〉을 사오셔서 그걸 밤마다 읽어 주십니다. 그 〈효자전〉에 옛날에 부모 죽은 후에 삼 년을 무덤에서 지키고 있었다든지 하는, 그런 얘기도 있었지요. 그러니 나도 그렇게 해야겠는데…… 그래, 혼자 결심을 했죠. 내가 초등학교를 졸업하면, 군위읍에 지나다니다 보니까 일본 사람들 점포는 좀 크고 깨끗해요. 그런

점포에 가서 한 오 년 동안 배우면 그럭저럭 열일곱, 여덟이 될 거다, 그러면 거기서 나와서 자립을 해서 일하다가, 스물 다섯이 되면 장가를 가서 어머니를 모시고 살며 효도를 해야겠다, 이렇게 혼자 생각을 한 거죠.

그런데 그 꿈이 백 퍼센트 무너졌으니 어떻게 하면 좋을까요?

글쎄요, 그 꿈은 무너졌지만, 다른 약속은 지켜 드렸지요. 그때 또 어머니한테 약속을 하기를 "내가 서른 살이 되면 인삼을 사서 달여 드리겠습니다" 그랬거든요. 그런데 어머니가 그걸 기억하고 계셨어요. 그래, 제가 서른 살에 인삼을 사서 달여 드렸지요.

■ 초등학교 3~4학년 때, 어머니는 대구에 가서 신부 수품 받는 장엄한 모습을 보고 와서, 동한·수환 두 형제에게 신부가 되라고 했다. 어린 수환 군은 그때 그 말을 듣고 감히 거역할 수 없으면서도 '장가를 가고 싶어서' 신부가 되는 게 싫었다고 한다. 장가가 무엇인지도 모르면서 어릴 때 동네에서 본 혼례식 모습이 멋져 보여 어린 마음에 나도 저렇게 장가를 들어야지 했다는 것이다.

어머니한테 그런 말은 못하죠. 또 신학교에 있기 싫어서 그런 생각이 더 들었죠. 형제 중에 하나만 신부가 되면 됐지, 꼭 둘이 다 돼야 하는가 하고.

■ 초등학교 때 수환 군의 성적은 그리 좋지 않았다고 한다.

그때 통신표를 보면 우리 형님은 갑이 대부분이었고, 나는 을이 대부분이었어요. 병도 있었고, 갑이 있었다면 혹시 한둘이 예외로 끼어 있었고. 그래서 5학년 때 대구(유스티노 신학교 예비과)에 가게 됐는데, 형님은 바로 6학년으로 가셨고, 저는 이듬해(1933) 시험을 쳤더니 5학년을 다시 하래요. 1년 낙제를 해서 초등학교를 7년 다녔어요.

'보리밭', '선구자' 따라 부르고

■ 추기경은 이 무렵의 일화 하나를 기억하고 있다.

그때 어머니가 무슨 일로 대구에 가 계셔서 큰 형님(달수)이 밥을 해줘야 되는데 안 해 줬어요. 그래, 어머니도 보고 싶고, 며칠 있으면 대구 신학교에 가게 돼 있어서 거기로 가기도 해야겠고, 그러던 참에 형님이 밥을 안 해줘서 집에서 도망을 나왔어요. 형님이 준 돈이 10전이 있었고, 내가 액자 뒤에 감춰 뒀던 5전을 끄집어내서 곧장 대구로 걸어갔죠.

중간에 한 10리만큼은 10전을 주고 차를 탔고, 5전어치 떡을 샀는데, 그걸 다 못 먹고 남은 걸 들고……. 대구, 구미 사이에 사람을 실어 나르는 마차가 다녔는데, 혹시 어머니가 타셨을까 해서 들여다봤죠. 사실은 그때 어머니가 마차를 타고 집으로 오셨는데 내가 그걸 못 봤어요. 그래, 대구 누님 집에 가니까 깜짝 놀라죠. 거기 있다가 유스티노 신학교 예비과로 갔어요. 얼마 뒤 큰형님이 만주로 가신다고 오셔서 내가 도망 나왔다고 야단도 치시고 떠났는데, 그 후 영영 돌아오지 않으셨어요.

■ 어린 나이에 부모와 떨어져 있었던 대구 신학교 생활은 그 또래의 어린이들에겐 견디기 어려웠던 것 같다.

겨울에도 난방을 하지 않은 방에서 잤어요. 어릴 때니까 잘 때 땀을 안 흘립니까? 그러면 이불이 땀에 젖거든요. 밤에 자려고 침대에 들어가면 그 이불이 얼어 있어요. 그러니까 잘 때 옷을 입고 들어가서 좀 녹였다가 옷을 벗는데, 어떤 때는 옷 입은 채로 그냥 잠이 들기도 하고. 겨울에도 새벽 5시에 일어나야 했는데, 마당 끝에 떠 놓은 세숫물이 금방 얼어 버려요. 그나마 늦게 가면 물은 없고 얼음밖에 안 남는단 말야.

■ 1935년 그는 동성 학교 을 조(신부가 되기 위한 코스)에 진학해서 서울로 온다.

동성 학교에 와선 형편이 좀 나아졌어요. 그때 지학순 주교님, 김재덕 주교님 같은 분들과 함께 공부했지요. 기숙사 생활을 했는데, 주일이면 우이동, 정릉 이런 데 산책도 나가고, 또 거의 매주 북한산 꼭대기에 올라가 막 소리도 지르고, 노래도 부르고 그랬어요. 내려올 때 반 시간이면 내려왔지요. 요전에도 제가 북한산을 바라보며 "내가 저 산엘 옛날에 자주 올라갔는데……" 이랬지요.

요즘도 등산하십니까?

앞으로 하려고 그럽니다. 얼마 전에 나자렛 마을 뒷산을 올라 보니 조금 자신이 생겨요. 내 소원 중에 하나가 설악산 대청봉까지 올라가는 건데…….

아까 북한산에서 노래를 부르셨다고 했는데, 어떤 노래인지……. 혹 대중가요도 아시는 게 있으십니까?

대개 교회 노래를 불렀죠. 대중가요나 가곡은 따라서 불러보고 싶은 게 몇 개 있긴 하지만…….

그게 어떤 노랜가요?

'한 사람 여기, 또 한 사람……' 하는 것도 있고, '보리밭' 같은 거, '선구자' 같은 거, 따라 부르고 싶어도 목소리가 나빠서 못 하겠어요.

요즘 취미 생활은 무얼 하십니까?

취미요? 별로 없어요. 혹간 정구를 쳤는데, 치지 않은 지가 열흘이 넘었군요.

장면 박사의 이해로 퇴학 모면

■ 동성 학교에 진학한 수환 군에게 민족적 감정이 싹트기 시작했다.

선생님들이 수업 시간에 한일 합방 때의 얘기를 많이 들려주셨어요. 그럴 땐 일기에다 반일(反日)적인 얘기를 썼지요. 그 일기를 사감 신부님한테 들켜서 "야, 이놈아 너 이래 가지고 어떻게 할래!" 하고 야단을 맞은 일도 있었고…….

또 한번은 수신 시험을 보는데, '청소년 학도에게 보내는 일본 천황의 칙유를 받들고 황국 신민으로서의 소감을 써라' 하는 문제가 나왔어요. 그래, 나는 그 시험지를 받고 '① 나는 황국 신민이 아님, ② 따라서 소감이 없음' 이렇게 써냈지요. 그것 때문에 학교에서 쫓겨날 뻔했어요. 당시 교장이 장면 박사였는데, 장 박사님이 이해해 주시고 타일러서 괜찮았지요.

그땐 마음의 갈등이 없었습니까?

그때도 신부가 될 것인가 하는 회의가 있었죠. 학교에 갈 때부터 가고 싶은 마음이 없어서 그런 회의를 가지게 됐고, 그러다가 중간에 신앙적으로 열심히 믿게 돼서 나 같은 존재가 과연 신부가 될 수 있을까 해서 또 회의를 가지게 됐죠.

그때 프랑스 신부님인 공벨 신부님이 제 지도 신부셨는데, 하루는 강론을 하시는데, "양 우리가 있는데 목자는 문으로 들어오지만 도둑은 울을 넘어서 들어온다. 너희 중에 그런 도둑이 있을지 모르니 그런 사람은 하루빨리 나가야 한다"고 하시는 겁니다. 가만히 들어보니까 날 두고 하시는 말씀이에요. 그래서 내가 그분을 찾아가서 "저 그만두겠습니다" 했죠.

"왜 그러느냐?"

"오늘 저녁 강론은 저를 두고 하신 것 같습니다."

"왜 너를 두고 한 걸로 생각하느냐?"

"첫째, 제가 여기 오고 싶어 온 게 아니라 어머니가 가라고 해서 왔고, 그래서 두려워하고 있는데 신부님이 그런 강론을 하시니까 나가야겠다는 생각이 들었습니다."

"그래 너는 신부가 되고 싶다는 생각이 없단 말이냐?"

"네, 그렇습니다."

그러니까 이분이 그러세요. "신부는 되고 싶다고 되는 게 아니고 되기 싫다고 안되는 게 아니다. 나가!"

아니 어디서 나가라는 말입니까? 그 방에섭니까, 학교에섭니까?

글쎄, 나도 그때 그 말을 물었어요. 어디서 나가란 말입니까 하고. 그랬더니 "이 방에서 나가!" 그러세요.

■ 지금도 추기경은 '신부는 되고 싶다고 되는 게 아니고 되기 싫다고 안되는 게 아니다'란 말을 뜻 깊게 생각하고 있다. 추기경은 이때 고비를 무사히 넘긴다. 1941년 추기경은 동성 학교를 졸업하고 대구 교구 장학생으로 동경 상지 대학 철학

과로 유학을 떠난다. 그 이전 같으면 각 교구에서 키울 만한 인재를 뽑아 로마로 유학을 보냈을 것이지만, 당시의 대구 주교가 일본의 한국 지배가 장기화될 것으로 판단하고 김수환 군을 일본으로 보낸 것이라고 한다. 일본에 가서 예과 1년, 본과 2년을 다녔는데, 그 당시 상지대 교수로 있던 게펠트 신부와의 사이에 있었던 일도 그냥 넘길 일이 아니다.

엄청난 인간의 잔학상

그 당시 추기경님의 꿈이 정치가가 되는 것이었다고 하던데요.

그거 잘못된 얘깁니다. 제가 흥분해서 과격한 말을 하는 것을 듣고 게펠트 신부님이 "너 정치가가 될 거냐? 신부가 될 거냐?" 하시기에, 제가 "우리 민족이 저를 부른다면 정치가라도 되겠습니다" 이렇게 한 건데, 잡지 같은 데서 거기다가 자꾸 각색을 하더군요.

말이 나온 김에 하는 말인데요, 박 대통령한테 코로나 한 대를 받았다는 소문은 어떻게 된 겁니까?

글쎄, 나도 모르는 말인데, 누가 한 번 그런 말을 쓰니까 그걸 보고 자꾸 쓰나 봐요. 그런 거 보면 언론 참 무서워요.

■ 1943년 말 그는 견디다 못해 학병에 지원한다.

저는 남규일이라는 친구하고 끝까지 버텼어요. 그랬더니 나중엔 이광수, 최남선 씨가 우리를 설득하기 위해서 일본에 왔고, 또 교회 쪽을 통해서도 압력이 들어왔죠.

■ 그는 처음엔 사관 후보생으로 선발돼서 교육을 받았지만, 교관에게 민족 감정을 억제치 못하고 마음속의 불덩어리를 토해 놓고 만다. 그것이 이유가 돼서 그는 사관 후보생 자격을 박탈당하고 일등병으로 일본 남방 오가사와라군도(小笠原群島)의 지지시마(父島)로 끌려간다. 그가 부도에 배치됐을 땐 종전이 임박해 있어서 다행히 미군과의 싸움은 없었다. 그러나 엄청난 인간의 잔학상을 실감해야 했다.

하루는 미군 비행기 한 대가 일본군의 고사포 사격으로 추락됐는데, 그때 미군 조종사 몇 명이 낙하산을 타고 탈출했으나 일본군에 사로잡혔다. 일본군이 그들의 목을 치려니까 한 포로가 이렇게 애원했다.

"우리를 죽이지 말라. 전쟁은 곧 끝난다. 우리를 죽이면 당신들은 더 많은 생명을 잃는다."

어떤 포로는 자기 애인의 사진을 보이며, 자기는 고향에 돌아가 이 여자와 결혼을 하게 될 테니 제발 살려 달라고 애걸했다. 그러나 그들은 끝내 일본인의 칼에 맞아 죽었다. 더욱 놀랄 일은 보급이 끊어져서 군고구마로 연명하던 판에 난데없는 불고기 파티가 벌어진 것이다.

그 인육 불고기를 누가 먹었습니까?

사단장 이하 지휘관들이 그런 일을 저질렀어요. 그 사람들이 나중에 전범으로 처형됐는데, 그 재판이 괌에서 있었지요. 한국 사람 중에 일본군이 미군을 죽이는 걸 본 사람이 있어서 저도 그들을 도와주기 위해 다른 학병 두 명과 괌에 가서 육개월가량 있었지요.

니체를 좋아한다는 여인

■ 해방 후 귀국한 김수환 씨는 먼저 신부가 된 형님(동한)이 부산에서 성당을 맡고 계셔서 자주 드나들다가 니체를 좋아한다는 한 여인을 알게 된다.

그 성당에서 고아원을 경영하고 있었는데, 거기서 일을 보던 분이었어요. 그런데 그 여자 분이 병이 나서 간호를 하게 됐는데, 자기 동료들과 함께 밤을 새우게 됐어요. 새벽이 되니까 다른 분들은 모두 잠이 들어서, 나와 그 여자만 깨어 있게 됐어요. 그때 그 여자가 자기가 지나온 생의 얘기를 죽 해요. 얘기를 들으니까, 신부님께 고해 성사를 보게 했으면 좋겠어요. 그래서 새벽에 영도에 계신 프랑스 신부님께 고해 성사를 하도록 했죠. 그 후 상태가 좋아져서 병이 낫게 됐는데, 결국 결혼을 하자는 말까지 나오게 됐죠.

여자가 먼저 청혼을 했네요.

그렇게 됐어요. 그런데 그때가 내가 신부가 되는 게 좋은가 안 좋은가 하고 망설일 때였죠. 결국 그 여자가 내가 결정을 하는 데 큰 도움을 줬죠. 내가 저 여자를 사랑하고 행복하게 해 줄 수 있는가를 생각할 때 하나도 자신이 없었어요. 그런 반면 내가 신부로서 최선을 다하면 많은 사람에게 도움을 줄 수 있다, 이런 생각이 들었어요. 그래서 결심이 굳어졌죠.

그분이 미인이었습니까?

아니오, 그렇지 않았어요. 미인이 아니어서 그랬는지도 모르지(웃음).

또 한 분의 여인이 있었다던데요.

그건 내가 여자를 직접 안 건 아니고, 친구가 꼭 자기 동생과 결혼해 달라고 한 겁니다.

■ 이 무렵에 그에게 도움을 준 신부가 또 한 분 있다.

제가 학병 갔다 돌아와서 다시 신학교를 가느냐, 안 가느냐 망설이면서 생각을 하니까, 내 자신의 결함이 너무 많아요. 그래서 지금 마산 교구 주교로 계시는 장병화 주교님을 찾아가서, 제가 신부가 될 수 있는지 의문이라고 했더니, 한 달 후에 보자고 그러세요. 제가 까맣게 잊고 있는데,

장 신부님이 꼭 한 달 후에 저를 부르시더니 넌 결점이 많기 때문에 신부가 돼야 한다고 그러시더군요. 하여튼 제가 신부가 되도록 하는데, 공벨 신부님, 게펠트 신부님, 장 신부님, 이 세 신부님이 아주 큰 도움을 주셨습니다.

■ 1947년 김수환 씨는 성신 대학(현 가톨릭 대학 신학부)에 전입학해서 그 학교를 마치고 1951년 9월 15일 대구 계산동 성당에서 드디어 사제 수품을 받는다. 그때 그의 노모가 말할 수 없이 기뻐한 건 그가 쓴 '어머니, 우리 어머니!'에서 밝힌 바와 같다.
　기자가, 그가 신부 수품을 받은 직후 계산동 성당 앞에서 그와 노모가 함께 찍은 사진을 내밀자 추기경은 깜짝 놀랐다.

이거 어떻게 나도 없는 사진을 오 선생님이 가지고 계시오? 내가 꼭 갖고 싶던 건데.

■ 그 사진은 기자가 추기경을 취재하면서 구한 것이었다.

형님(필수) 말씀이, 어머님께선 추기경께서 신부가 되신 다음에도 신부의 길을 잘 갈까, 혹 실수라도 하지 않을까 해서 항상 걱정하셨다던데요.
　우리 어머님은 지금 천당에서도 제 걱정을 하고 계실 겁니다.

■ 그는 안동 성당 주임 신부, 대구 대주교 비서 신부, 김천 황금동 성당 주임 신부를 거쳐 1956년에 독일 뮌스터 대학으로 가서 사회학 박사 과정을 밟는다.

그때도 장학생으로 갔습니까?

아니, 여비만 해 가지고 맨주먹으로 갔습니다. 그렇지만 신부이기 때문에 큰 고생 않고 그럭저럭 공부할 수 있었지요. 숙소도 해결이 되고, 미사를 도와주면 좀 나오는 것도 있구요.

그때 지도 교수가 헤프너 신부님이었죠.

네, 지금 저와 함께 추기경으로 계시지요.

세계 최연소 추기경이 되다

왜 학위를 받지 않고 돌아오셨습니까?

첫째 이유는 지도 교수 헤프너 신부님이 뮌스터 주교가 되신 다음에 후임 교수가 안 오셨기 때문입니다. 그리고 헤프너 교수가 요구하는 연구 테마가 한국의 가족 제도입니다. 그걸 하자니, 유교의 예기, 공·맹자 가르침을 공부해야지, 또 그러자니 한문 공부해야지……. 말은 독일말로 해야 하고, 또 사회학을 하면서도 신학 공부도 해야 하고, 신학 공부를 하려면 희랍어, 히브리어를 해야죠……. 그래저래 박사가 되는 것보다 신부로서 일하는 것이 낫겠다 싶어 중간에 돌아오게 된 겁니다.

■ 김수환 신부는 1964년 귀국해서 가톨릭 시보사 사장에 취임한다. 1966년엔 신설 교구인 마산 교구 주교로 수품된다. 그리고 1968년엔 서울 대교구장으로 전임됐다가, 1년 후인 1969년 47세의 나이로 당시 전 세계 백삼십육 명의 추기경 가운데 최연소 추기경에 피임(被任)됨으로써 한국 천주교회에 영광을 안겨 준다.

그가 서울 대교구의 대주교가 됐을 때 그가 처음 한 말은 "내가 그처럼 큰 교회에서 무엇을 할 것인지 당장 생각이 나지 않는다"였다.

그리고 그가 로마에서 돌아오는 길에 도쿄에 들렀을 때 추기경이 됐다는 소식을 들었는데, 그 소식을 알려 준 사람은 공교롭게도 상지 대학에서 "정치가가 될 거냐? 신부가 될 거냐?"고 묻던 게펠트 신부였다. 그때 김 추기경이 던진 말은 "불가능하다"는 것이었다.

대단히 죄송스런 질문입니다만, 어떻게 그렇게 불가능한 일이 일어났을까요?

글쎄, 나도 모르겠어요. 어떤 데 누가 쓴 걸 보면, 제가 교황님께 잘 보여서 그랬다고 하는데, 제가 어디 잘 보일 뭐가 있어야지요. 1968년 10월에 순례단을 이끌고 로마에 가서 순교자 스물네 분 시복 미사를 제가 드렸죠. 그때 교황님이 시복식을 오후에 하셔서 그때 알현했고, 1969년에도 또 한 번 알현했고, 그것뿐입니다. 제 생각에 그때 추기경이 많이 됐는데, 한국에 주자니 가장 큰 서울에 줘야 하지 않았나…….

추기경께서 박정희 대통령 시절에도 자유와 정의를 위해 애를 많이 쓰셨는데,

박 대통령과의 사이는 어떠했습니까?

1971년 말 대통령한테 국가 보위에 관한 비상 대권을 주는 법을 의결하지 않으면 안 된다는 엄포가 있었어요. 그걸 두고 제가 성탄 미사에서 강론을 하면서, "정부 여당에게 묻는다"고 하고, "이런 비상 대권을 대통령에게 주는 것이 나라를 위해서 유익한 일인가? 그렇지 않아도 대통령한테 막강한 권력이 가 있는데, 이런 법을 또 만들면 오히려 국민과의 일치를 깨고, 그렇게 되면 국가 안보에 위협을 주고, 또 평화에 해를 주지 않느냐"고 했죠. 그때 그 미사가 KBS TV로 생방송이 되고 있었는데, 그걸 박 대통령이 보다가 정부를 공개적으로 비판하니까 중계 방송 중지 명령을 내렸단 말입니다. 그런데 마침 그 중계 책임자가 자리에 없어서 즉각 중단하지 못 했는데, 그 바람에 그분이 회사를 떠났다죠 아마. 저 때문에 언론인이 희생됐어요. 나중에 중계가 중단됐지만 거의 다 나갔어요.

이런 일이 있고 나서 이튿날 비상 각의를 열었는데, 그때 마침 대연각에 불이 나서 그 일이 흐지부지 됐답니다. 그러다가 이듬해 봄에 대화를 하자고 박 대통령과 같이 기차를 타고 진해에 가게 됐는데, 대화는 되지 않고 거의 일방적으로 말을 해서 듣기만 했죠. 처음에는 대화에 대한 기대를 걸었는데, 중간에 단념했어요. 내가 그때 느낀 건 그분이 우리나라의 나무 한 그루, 풀 한 포기에까지 애정을 가진 애국자이고 우국지사지만, 그걸 모두 자기 손으로 가꾸고 싶어 하는 사람이라는 것이었어요. 그렇게 하려면 수많은 사람이 수족처럼 움직여야지요.

자기를 완전히 죽여야 하는데…….

■ 추기경은 그날 있었던 일들을 자세하게 기억하고 있다.

그날이 식목일 다음 날인데, 기차를 타고 내려가면서 보니까, 비서실장이 메모지를 들고 서 있었습니다. 대통령이 밖을 가리키며 "아, 비서실장 저거 봐. 나무 하나 없잖아, 저기 어디지?"

그럼 비서실장이 "천안 어딘 것 같습니다" 그러면서 적어요. 대통령은 또 걱정을 합니다. "주교님, 저 뚝 좀 보십시오. 대한민국이 이래요!"

김천 어딘가를 지나는데 대통령이 저보고 "주교님, 여기가 무슨 역입니까?" 그래서 "지금 대신역일 겁니다" 했더니, "아, 그렇습니까? 저 플라타너스를 전지(剪枝)해서는 안 되는데 저렇게 전지를 했어요" 그러더니만 철도청 차장을 불러서 누가 했는지 알아보라고 시킵디다. 그럼 이게 어떻게 됩니까? 대통령 무서워서 전지 하나도 맘대로 못하고 눈치볼 거 아닙니까?

또 대통령 한번 해 볼 만하다고 생각이 든 일이 있어요. 서울서 진해까지 가는 철로 양편에 경찰들이 한 오백 미터 간격으로 쭉 서 있다가 기차가 지나가면 받들어 총을 하면서 기차가 가는 반대 방향으로 돌아서요. 그러니 얼마나 많은 사람들이 동원됐겠습니까? 그뿐입니까? 그 밖에 또 얼마나 많은 사람들이 동원됐겠습니까?

대전, 대구 같은 도청 소재지를 지나갈 땐 차가 역구내를 서서히 지나갔는데, 플랫폼에 도지사, 경찰국장, 시장 이런 분들이 나와 있다가 차가 지나가면 옛날 신하들처럼 죽 엎드리고 서 있는 겁니다.

또 박 대통령은 종이를 펴 놓고 우리나라의 4대 강을 그리고 몇 십 년 걸릴 개발 얘기를 하는 겁니다. 그걸 다 마치려면 평생을 해야 합니다. 전 그때 그분이 장기 집권할 걸 알았습니다. 그 이튿날 좀 우울해져서 서울로 돌아왔죠. 그해 8월에 1인 독재 체제로 나가선 안 된다는 시국에 관한 소견을 발표하고 아프리카로 떠났어요. 나중에 돌아와 보니까 발칵 뒤집혔는데, 보복으로 성모 병원 세무 사찰을 하고 있어서 병원이 마비돼 있었습니다.

1974년에도 박 대통령을 만나셨죠?

네, 지학순 주교님이 잡혀가셨을 때, 죽은 김재규 씨가 중간에 서서 만났어요. 그때 청와대에 가서 박 대통령과 한 시간 반 동안 얘기했는데, 처음 대화다운 대화를 해 봤어요. 또 대화한다고 해서 가 보면 여럿을 모아 놓고 악수 한 번씩밖에 안 했는데, 신문엔 대화했다고 내고 한 적도 있었지요.

■ 추기경의 목소리가 착 가라앉는 것 같아서 시계를 보니 밤 10시가 다 됐다. 전후 2회에 걸친 장장 5시간의 인터뷰가 부담스럽지 않았나 해서 죄송스러운 마음으로 일어서려니까, 추기경은 취재진을 잡아 세웠다. 추기경은 냉장고에 가서 주스를

꺼내 컵에 따라줬다.

손님 대접을 잊었어요.

■ 그제야 오른손 무명지에 끼었던 반지가 없는 게 눈에 띄었다.

반지를 빼셨네요.
아, 그 무거운 주교 반지. 정장할 때나 끼지요. 그게 결혼 반지나 같아요. 주교 될 때 한 거니까 한 20년 돼 가는군요.

그 커다란 알이 루비입니까?
아닙니다. 인조 자수정이랍니다.

담배를 끊으셨군요.
네. 가슴이 나빠서 끊었어요. 제 숨소리가 좀 크게 들리지요?

■ 기자는 주스 잔을 비우며 마지막 질문을 던졌다.

추기경님 앞으로 꼭 하고 싶은 일 있으십니까?
예, 정말 잘 살고 싶어요.

예? 어떻게 말입니까?

잘 살려면 저 자신이 죽어야 되는데, 완전히 죽어야 되는데, 전 아직도 그렇게 죽지 못하고 있어요.

■ 이 말에 대한 충격이 컸기 때문일까 발걸음이 좀체로, 좀체로 떨어지지 않았다.

● 「월간 조선」, '오효진의 인간 탐험', 1986. 5.

힘으로 눌러서는 안 된다

「시사 저널」 창간호에서 대학 교수를 상대로 "누가 한국을 움직이는가"라는 여론 조사를 실시했습니다. 그때 김수환 추기경께서는 노태우 대통령(89.9%)에 이어 제2위(70%)로 나타났고, 김대중 씨(65.5%), 정주영 씨(58.9%)의 순서였습니다. 추기경께서 정치인이나 경제인보다 오히려 더 큰 영향력을 행사하고 계신 것은 정신적으로 황폐한 이 시대에 도덕적 양심을 일깨워 준다는 인식으로 받아들이고 있습니다. 추기경께서는 오늘의 이 위기 상황을 어떻게 진단하시며, 그 처방은 무엇이라고 생각하십니까?

지금 우리가 처한 상황이 매우 어렵습니다. 민주화 과정에서 반드시 거쳐야 하는 혼란기를 겪고 있는데, 어찌 보면 너무 지나치지 않느냐고 생각할 수도 있겠고, 또 민주화인지 역행인지 구별 못할 정도로 보이는 점도 솔직히 있습니다. 민주화는 성급한 것보다는 점진적으로, 국민 모두의 힘이 합쳐져 추진돼야 한다고 믿는데, 그 힘을 모을 수 있는 능력을 정치가 충분히 발휘하지 못하고 있습니다. 지금은 지도자들이 먼저 희망을 주는 정치를 펴야 하는데, 정치가 난맥상을 보이며 권력의 내분이 있는 듯해서는 그 힘을 모을 수 없습니다. 또 국민의 생활이 이처럼 어려워져 가고 있는 때에 정부가 나서서 민생고부터 해결해야 할 텐데 그 단호한 의지를 보여 주지 못하고 있는 점, 정치인들은 대오 각성해야 한다고 생각합니다.

그리고 전체적으로 사회 지도층이나 가진 사람들이 지금같이 가지고 있는 것을 누리는 쪽으로, 예를 들면 부동산 투기다, 전세값 폭등이다, 과소비다 해서 가난한 사람들이야 어떻든 자신들의 이익만을 추구하고 있는 현상을 보이고 있는데, 극단적으로 표현하면 가진 이들은 현재의 행복을 유지하기 위해서도 없는 이들과 함께 나누는 자세가 필요합니다. 어떤 형태로든 없는 이를 괴롭히는 일은 절대 삼가야지요. 오늘의 우리는 모두 물질주의에 너무 빠지지 않았나 깨달아야만 합니다.

앞으로 10년을 어떻게 보십니까? 21세기를 눈앞에 둔 우리나라의 비전에 대해 말씀해 주십시오.

예언은 할 수 없습니다만, 희망이라면 우리나라가 '빛나는 대한민국', '통일된 대한민국'이 되었으면 하는 것이지요. 또 어찌 보면 많은 분들이 미래를 예견할 때 장차 세계의 중심권이 태평양 지역으로 온다든지, 그 가운데서도 특별히 동양이 부각된다고 할 때 한국이 중요한 역할을 하리라 보지 않습니까. 그런 예견에 일리가 있다고 봅니다. 그러나 그것은 희망일 뿐, 현재 우리의 상황은 정치, 경제, 사회 등 모든 면에서 이기주의에 빠져 있는 형편입니다. 미래는 우리 스스로 창조해 나가는 것이라 볼 때 정치면에서건 사회면에서건 우리가 이래서는 안 되겠다는 것은 과감히 털어 버리는 작업이 필요합니다. 그래야 앞으로 그런 좋은 시대가 올 때 우리에게 기회가 주어진다면 그 기회를 충분히 포착할 수 있겠지요.

　오늘의 우리는 불화와 갈등 속에 살고 있는 것 같아요. 계층, 지역, 세대, 남녀 간 할 것 없이 엄청난 대립과 증오 속에 있는데, 그 대신 평화와 관용의 정신이 절실히 요구됩니다만, 어떻게 해야 화해가 이루어질지 전혀 진전이 없습니다. 방금도 부동산 투기에 대해 말씀하셨지만, 그 때문에 계층 간의 골이 더 깊어지고 있고……. 실제로 이를 해소할 방법은 없는지요?

　글쎄요. 그 문제는 늘 이론에 그치고 마는데, 사실은 이론이 아니라 현실이고 핵심이지요. 결국은 계층, 세대, 노사 간에 서로 적대적인 관계로 보지 말고 동반자로서 상대를 발견하는 자세가 필요합니다. 가령 노동자가 잘살게 돼야 내 기업도 산다는 식의 동반적 자세지요. 서로 필요하다는 것을 깨달으면 거기서부터가 문제 해결의 실마리인데, 그것을 깨닫는 데에도 역시 누가 먼저 그 일을 해내느냐, 힘 있는 사람, 돈 있는 사람이 먼저 해야 한다는 게 중요합니다.

그것은 정말 절실한 것 같습니다. 15년 전 제가 영국에 살 때 인플레가 약 30%나 되었던 일이 있었지요. 그때 노동당 정부가 하는 걸 보며 참 묘한 생각이 들었는데, 인플레를 때려 잡으며 윌슨 총리가 이런 말을 했어요. "사회가 고통을 받으면 받을수록 능력에 따라 고통을 안배해야 한다." 즉 있는 사람이 고통을 더 받아야 한다는 것이죠. 그런 구호를 내걸고 임금 인상을 1주일에 6파운드로 해라, 그리고 얼마 이상은 동결하라고 했습니다. 물론 권고입니다만, 그렇게 하면 1년에 약 3백 파운드가 인상되는데, 가령 연봉 3천 파운드인 사람에겐 10%, 6천 파운드인 사람에겐 5% 인상인 것이죠, 1만 파운드 받는 사람의 임금은 동결됐습니다. '말'과 '정책'이 맞아떨어지는 것이죠. 이렇게 '능력에 따른 어려움의 안배'란 말이 절실히 마음에 와 닿았는데, 우리의 경우는 인플레가 되면 있는 사람은 더 살찌고 없는 사람은 더 가난해집니다. 우리도 이런 문제를 정책적으로 어떻게 해결할 수는 없을까 그런 생각을 해 봅니다.

그런 면에서 아주 과감한 추진이 있어야 할 겁니다. 그러나 역시 가진 자의 의식 변화, 이것이 수반되지 않으면, 우리가 가진 것을 잃는다는 자각이 앞서야 하겠지요.

며칠 전에 추기경께서 서경원 의원 항소심에서 변호인 측 증인으로 법정에 서신 것을 보았습니다. 그걸 보면서 여러 가지로 생각을 했어요. 추기경께서 재판소에 가시다니, 어떤 이유로든 간에 아마 처음 가셨을 걸로 생각되는데요.

방청하러는 갔던 적이 있었습니다.

그러시군요, 이번에 법정에 섰던 감상은 어떠했습니까?

현장에 나가서는 별다른 느낌 없이 담담했습니다. 하지만 나가기 전에는 별로 기쁜 심정은 아니었어요. 제가 증인으로 서는 데 대해 제 주변에서도 찬반이 있었고요. 1심 때도 증인으로는 한 번 나가야 하지 않겠나 생각하고 있었으나 연락이 없었습니다. 나중에 듣고 보니 변호사 측에서도 자기들은 노력을 했다는데 저한테는 전혀 연락이 없었는지 연결이 되지 않았습니다. 그런데 2심 때 다시 문제가 제기되는 것을 보고 결심했지요. 어려운 처지에 놓인 피고 측에서 요구해 올 때 내가 종교인이니까 나가 주어야겠다고 말입니다. 저의 증언이 구체적으로 어느 정도 도움을 줄지는 모르지만 좌우간 그 사람 편에서는 저를 만난 게 사건의 핵심이니까요. 북한의 지령에 의한 것인지 아닌지 저도 증명이야 못하겠지만, 단지 제가 느낀 바로는 절대 그런 것이 아니었습니다.

어찌 보면 당연한지도 모르지만, 밖에서 보기엔 참 어려운 일을 하셨습니다. 그 일과 직접 연관되는 건 아닙니다만, 공산주의란 이미 끝난 게 아닙니까. 그런데 공산주의인지 무슨 주의인지 북한은 아직도 문을 꽉 닫고 있거든요. 어떻게 하면 저 사람들의 마음의 문을 열어 줄 수 있을지, 그래서 평화롭게 이웃이 되고, 궁극적으로는 통일이 되기를 비는 마음 간절합니다. 북한 방문 계획은 어떠하며, 민족의 화해와 통일에 대한 전망은 어떻다고 보십니까?

북한은, 여전히 기회만 된다면 꼭 가고 싶은 곳임은 사실입니다. 또 남북 관계에 있어서도, 남북 쌍방이 다 그렇습니다만, 통일 문제를 자꾸 정권 유지의 수단으로 이용하지 말아 주었으면 좋겠습니다. 예를 들면, 이산 가족이 내일이라도 달려가 헤어진 가족을 얼싸안고 싶은 마음을 헤아려 그런 기회를 만들어 주려는 노력이 정부에서는 부족했다고 봅니다. 진지하게 국민의 입장에 서서 국민의 순수한 열망이 구체적으로 실현될 수 있도록 노력을 기울일 때 대화와 교류가 생겨나고, 그런 것들이 바로 북한을 변화시키는 힘이 되지 않았습니까. 동·서독 관계가 우리와 다르다고 해도 그런 것들이 큰 힘이 되지 않겠습니까. 우리도 서로 만나게 하면 되요. 그런 의미로 정부가 대북한 관계에서 신뢰와 희망을 줄 수 있는 통일 정책을 수행해야만 합니다. 현재는 그것을 잃고 말았어요. 통일 정책의 전제가 선전인지 아닌지 국민이 믿지를 못하고 있지 않습니까?

당장에 문제 되는 게 국가 보안법 같은 것 아닙니까. 불고지죄 같은 것들을 왜 폐지할 단안을 못 내리는지 모르겠습니다. 그런 것들을 두고 우리 체제가 우월하다고 말할 수 있을까요?

그것도 또 필요하다고 생각하는 사람들이 있으니까요. 제가 한번 이야기를 해 보니까, 필요하다고 생각하는 사람이 더 많다고 하더군요.

그럴까요? 그러나 극단적으로 말하자면, 아버지가 아들을, 아내가 남편을 고발해야 하는데, 그렇다면 우리가 왜 공산주의를 반대합니까?

그렇지요. 반인륜적이지요. 불고지죄는 공산주의 체제 안에 있는 거예요.

그러니까 왜 공산주의를 막는다는 이름하에 그걸 해야 하느냐는 거지요.
우리는 물론 불고지죄라는 항목이 없더라도 정말 국가에 위태롭다고 판단하면 자진해서 고발할 겁니다. 그런데 인간의 심리나 혈연관계 같은 것들을 모두 무시한 채 북한 같은 공산 독재 정권의 방법을 쓴다는 데 문제가 있는 것이지요.

얘기가 약간 되풀이됩니다만, 아무튼 '국민이 선택한' 정부로서 노 대통령 정부가 출범한 뒤 국민들은 커다란 희망을 걸었고, 정부도 많은 노력을 했습니다. 또 역시 과거에 비해 훨씬 자유로운 선거에 의해 국회가 탄생한 지도 2년이 넘었습니다. 이른바 '여소 야대'로 그간 어렵사리 끌어오던 국회가 결국 얼마 전 그 구도를 깨 버렸는데요. 그간 노 대통령과 국회의 치적을 어떻게 생각하십니까?
현 정부가 국민의 선거를 거친 합법적 정부라는 인식은 우리가 분명히 가지고 있어야 한다고 생각합니다. 그런데 재야나 운동권에서 타도 일변도로 나가면 끝이 없어요. 받아들일 건 받아들이면서 못한 것은 비판해야지요. 그러나 이런 것은 전제 조건이고, 정치에 대해서는 현재 솔직한 얘기로 참 아쉽습니다. 국민의 고통은 점점 커지는데 정부가 국민을 위해 노력하는 모습을 보여 주어야 하지 않겠습니까?
하루아침에 집 없는 사람에게 집을 주고 직장 없는 사람에게 직장을 주지 못하는 것은 당연하지만, 그러나 오늘 당장 안 되면 내일 된다는 희망을 주어야 합니다. 특히 정부가 어려운 사람, 가난한 사람을 위해 애쓰고 있다는 것을 믿게끔 해야만 합니다. 그리고 3당 통합 후 여러 번 잡음이 있었는데, 한 번 정도라면 이해할 수 있지만 계속 그런 일이 벌어졌습니다. 그것은 계산을 해 봐도 오히려 자신들이 손해 아닙니까? 대권 경쟁은 몇 년 뒤의 일이고, 지금은 있는 힘을 다해 국민에게 봉사한다는 식으로 좀 더 대범하게 나오면 오히려 더 큰 지지를 얻을텐데 왜 그런 것을 보지 못하는지 안타깝습니다. 자기 당 후보의 당선 여부와 상관없이 '선거란 이런 것이다'라는 것을 보여 줄 수 있는 깨끗한 선거를 치르는 것이 국민에게 희망을 주는 길입니다.

4월은 '잔인한 달'이라고 하지만, 우리나라에서는 역사적으로 볼 때 5월이 '잔인한 달'인 것 같습니다. 광주의 비극이랄까, 항쟁이 있은 지 10년이 됩니다. 형식적으로는 해결이 됐다고 덮어 버렸습니다만, 아직도 마음속에서는 해결이 되지 않았습니다. 여기서 우리가 마음과 마음을 탁 털어 진실을 밝히고 서로 용서하고 부둥켜안는 그런 깨끗한 뒷마무리가 없을까요?

정말 누군가 한 사람이라도, 적어도 그 시대에 자기가 현장에 있지 않았다 하더라도 직책상 책임을 다하지 못한 누군가가 나서서 "저에게 모든 죄를 뒤집어씌워 달라"고 해 주었으면 좋겠습니다. 물론 지위가 높은 사람일수록 좋겠지요. 그 시대의 최고 책임자라든가, 국민이 볼 때 실권

자였던 사람이 아주 겸허하게 사죄하는 모습을 보여 줄 때 국민은 그에게 관대할 것이며, 오히려 그를 존경할 것입니다. 그런데 그런 과정 없이 억지로 어떤 사람 하나를 끌어다가 '속죄양'으로 만들고 없던 일로 하자는 것은 정말 납득할 수 없는 일입니다.

저는 이번 KBS 사태도 그렇게 봅니다. 정부는 과거에 언론을 장악할 생각도 없고 장악해서도 안 된다고 분명히 방침을 선언했습니다. 지금도 정부가 KBS를 진정한 공영 방송으로 만들겠다는 단호한 의지를 밝히면서, 국민이 그것을 믿게 되면 사태가 해결된다고 생각합니다. 그런데 말과 행동이 다른 데서 불신이 생기고, 5공 시절로 되돌아가는 것이 아니냐는 의심이 생기는 거지요.

정부에서는 사태의 해결에 자꾸 '힘'을 동원하려고 하는데, '힘'으로는 안 됩니다.

이제 이야기를 한국의 가톨릭 쪽으로 바꿔 볼까요. 한국의 가톨릭교회는 지난 1980년대에 두 배나 신자 수가 증가해, 약 이백오십만 명에 이르렀습니다. 이러한 양적 팽창은 세계 가톨릭계로부터 경이의 대상이 되고 있지만, 그러면서도 범죄라든가 사회악은 더 늘고 있는데, 이를 어떻게 해석할 수 있을까요?

저희들이 해야 할 일을 다하지 못하고 있음에 반성하고 있습니다. 또 신자 수 급증에 대해서도 외국인들의 질문을 많이 받는데, 물론 저희들은 하느님의 은혜라고 말을 합니다만, 그만큼 우리 한국인들의 민족성에 종교적 욕구가 강하다고 볼 수 있을 것 같습니다. 또 우리나라 사람은 그동안 역사적으로 많은 고난을 겪지 않았습니까. 이른바 '한' 때문에도 종교적 욕구가 강하지 않은가 나름대로 해석합니다. 또 사회가 점점 더 혼탁해지는 이유는, 신앙과 생활이 일치해야 하는데 그렇지 못하기 때문이지요. 그러나 만약 종교가 없으면 심리적인 공허나 허탈감을 어떻게 풀 수 있었겠는가, 그런 생각도 듭니다. 그나마 못생겼더라도 없었으면 어땠을까. 그런 의미로서 우리 사회가 이보다 더 악화될 것을 막고 있는 게 또한 종교의 역할입니다. 예수님의 삶, 예수님의 말씀을 굉장히 많은 사람들이 성서를 통해 공부하며 살아가고 있습니다만 그 시대가 그것 때문에 변하지는 않았습니다. 그러면 예수님이 힘이 없어서, 말씀이 부족해서 그랬느냐 하면, 그렇지는 않지요. 받아들이는 쪽에서 메시지를 충분히 자신의 삶 속에 수용하지 않았기 때문입니다. 그러니까 오늘날에도 그리스도교인들이 열심히 메시지를 받아들이면 자신의 삶이 달라지고, 우리 삶이 달라지면 사회가 달라지는 것이지요.

조금 까다로운 질문을 드려야겠습니다. 그동안 한국의 천주교회는 정의로운 사회를 구현하는 데 애를 많이 썼습니다. 그래서 천주교의 교세 확장을 저는 다른 종교의 교세 확장과는 달리 보고 있는데, 요즘에는 굉장히 보수적이 되고 있다는 얘기들을 합니다. 현실적으로 '신자의 중산층화'가 되면서 '가난한 교회'와 '부자 교회'와의 격차도 심해지고 있다고 하는데요. 여기에 특별히 알아보고 싶은 것은 가령 문규현 신부의 방북이나 디아스 교황청 대사의 발언에 대해 교회로서나 또 추기경 개인으로나 언급이 없었다는 점입니다. 또 가톨릭과 관련된 노사 분규에 대해서도 '현상 유지'라는 비판이 있습니다. 이에 대해 어떻게 생각하시는지요?

저희들 교회가 전체적으로 보수적이라는 것을 부정하지 않습니다.

추기경님께서도 그쪽입니까? 그렇지 않겠지요?(웃음)

아니, 저도 그렇습니다. 저희들 가톨릭은 법이나 의식, 제도에 있어서 '전통'을 매우 중시하므로, 보수적이 될 수밖에 없습니다. 예로부터 이슈에 기민하게 대응하도록 돼 있지 않습니다. 하지만 변명이 되겠습니다만, 보수적인 것이 곧 폐쇄적, 비인간적인 것은 아닙니다. 우리는 보수적이지만 이른바 진보적인 것보다 더 열려 있다고 자부합니다. 오늘의 이 시대에 진보적 개인, 혹은 집단을 자처하는 사람들이 자신과 의견이 다른 상대에 대해 매우 적대적이고 독선적인 태도를 보입니다. 따라서 그것이 과연 진보냐 하는 의문도 생깁니다. 우리는 보수적이지만 '함께' 있지 못한다는 의미의 배타성은 없습니다. 그런 각도에서 오늘의 우리 사회가 안고 있는 여러 가지 갈등, 예를 들면 세대, 계층, 지역 간의 골이 깊어지는 것을 관용과 대화, 화해로 풀기 위해 나름대로 노력하고 있습니다.

그렇다면 가령 디아스 교황청 대사의 보수적 견해나 문 신부의 급진적 견해에 대해서는 어떻게 생각하시는지 듣고 싶습니다.

물론 저희들 교회 안에는 보수와 진보가 함께 있습니다. 그러나 저는 보수 대 진보를 이분론(二分論)으로 보지 않습니다. 이 두 가지를 다 포용해야지요. 서로 대립적인 것으로 보지 않으며 '함께' 있음으로써 서로 도와준다고 보는 것이 우리의 처지입니다. 그리고 제가 개인적으로 디아스 주교를 잘 압니다만, 그분은 한국에 대한 사랑이 상당히 큰 분입니다. 그분의 발언이 오해를 불러일으킬 수도 있지만, 우리에게 애정을 가진 분이기 때문에 멸시에서 나온 말이 아닌 것은 분명합니다.

6공 시대에 들어서면서 추기경님의 사회에 대한 발언이 줄었습니다.

예전에는 대정부 관계에 있어서도 우리가 말을 하지 않으면 안 되는 시대로 생각했지만, 지금은 모두가 나서서 말을 하니 나까지 나서지 않아도 될 듯해서 그런 거지요. 저도 이제는 좀 쉬어야겠습니다.(웃음)

1969년에 추기경이 되셨지요. 제가 그때 처음 뵈었을 때나 20년이 흐른 지금이나 똑같으신 것 같습니다. 사제 생활을 하시면서도 인간적인 고뇌나 어려움이 있으셨을 텐데, 그런 주름살이 전혀 보이지 않아요. 늙지 않는 비결이라도 있으신지요?

아마 그건 제가 둔해서 그럴 겁니다. 생긴 체질이랄지……. (웃음) 제가 무슨 고뇌나 근심이 없어서 그런 것은 아니고요. 솔직한 이야기로, 제가 책임자의 위치에 너무 오래 있었잖습니까.

종신직이 아니던가요?

종신직은 아니고 교회법상 75세에 사표를 내는 것이 원칙인데, 그 점이 저는 늘 불만입니다. 75세라는 게 서양 사람 위주로 정해진 것이지 우리 동양 사람에게는 너무 길지 않나 해서요. 그리고 어느 한 개인이, 아무리 종교의 조직이라 하더라도, 책임 있는 자리에 10년, 20년씩 있는 것은 급변하는 현대 사회 속에서 재고해야 하지 않겠는가 생각합니다.

현재 평화 신문에 이어 평화 방송국도 운영하고 계시는데, 마지막으로 언론에 대해 비판 좀 해 주십시오.

언론 자유의 필요성에 대해서는 두말할 나위가 없겠지요. 어려울 때에는 언론의 자유를 위해 기도도 하고요. 그러나 요즘 언론에 대해 너무 무책임하다는 느낌을 받습니다. 지난해 서경원 의원 사건으로 제가 구설수에 오른 적도 있었습니다만, 기자가 자신의 생각을 가미해 엉뚱한 '소설'을 쓰는 일은 삼가야 하겠지요. 그런 것도 언론의 발전을 위해서는 겪어야 할 일들이겠으나, 항상 나라 전체, 국민 전체를 염두에 두고 '책임 있는' 언론을 해 나가 달라고 당부하고 싶습니다.

대담 : 박권상 주필

● 「시사 저널」, 1990. 4. 27.

정권에 고언(苦言) 땐 밤새 고뇌

김수환 추기경은 오는 28일로 서울 대교구장 서임(착좌는 5월 29일) 25주년을 맞는다. 김 추기경은 안으로 교회 쇄신과 밖으로 인권 옹호의 양대 책무 속에서 때로는 고발로, 때로는 침묵으로 독재 정권에 맞서며 오늘의 한국 사회를 이끌어 왔다. 평화 신문은 성삼일을 맞아 충북 진천의 배티 성지의 한 수도원으로 묵상차 떠난 김 추기경을 찾아 특별 인터뷰를 청했다.

'십자가' 떠맡은 기분

서울 대교구장 착좌 25주년을 축하드립니다. 지난 1968년 서울 대교구장으로 처음 임명될 당시를 회고해 주십시오.

당시 마산에서 주교가 된 지 2년밖에 되지 않은 제가 서울 대교구장으로 결정된 것은 의외였습니다. 보통 소속 교구에서 교구장이 나오는 것이 상식이고 또 제가 한국 주교들 중에서 가장 어렸기 때문입니다. 제가 임명된 것은 당시 부채 문제 등 어려웠던 서울 대교구의 특수한 상황이 고려된 때문이 아닌가 여겨집니다. 그런 탓으로 서울 대교구장으로 처음 임명됐을 때 '누군가가 져야 할 십자가'가 내게 떨어졌구나 하는 마음뿐이었습니다. 그저 막막할 뿐이었지요. 그러나 주님이 주는 십자가라 여기고 받아들였습니다.

당시 사회, 경제 상황은 어떠했습니까? 추기경님이 서울 대교구장을 맡은 후 교회의 대(對)사회적 움직임이 활발해졌다는 의견이 많습니다.

1960년대 말 한국은 박정희 군사 정권 아래 경제 최우선 정책이 진행되고 있었습니다. 모든 가치가 경제로 집중되고 그러다 보니 자연히 사람까지도 경제 발전을 위한 도구로 전락하고 있었습니다. 한편 교회적으로는 제2차 바티칸 공의회가 끝나고 「현대 세계의 사목 헌장」이 발표되어 교회의 사회적 역할이 강조되던 때였습니다. 바티칸 공의회는 한마디로 '세상에 사는 사람들과 희로애락을 함께 나누는 교회'를 강조하고 있었지요. 이런 분위기 속에 1968년 강화도 신도 직물 노동 쟁의 사건이 일어나고 가톨릭의 주교들이 교황 대사관에 모여 시국 선언을 하게 됩니다. 이것이 가톨릭교회의 첫 대사회 선언문이었습니다. 그러나 이것은 어디까지나 교회의 관심이 사회의 인권 문제로 쏠리기 시작했다는 것을 의미하는 것이지 교회나 제가 정치에 참여하기 시작했다는 것은 아니었습니다.

그 이후 추기경님께서는 사회가 어려울 때마다 올곧은 소리로 국민과 정치인을 일깨워 주셨습니다. 어떤 결심으로 그런 일들을 하셨는지요?

역시 바티칸 공의회가 가장 큰 계기였습니다. 당시 저는 가톨릭 시보사 사장을 맡고 있었고, 그러다 보니 다른 신부들보다 공의회 외신을 많이 접할 수 있었습니다. 공의회 소식을 통해 교회가 사회에 대해 자각해야 한다는 사실을 절감하게 된 저는 그것을 실행했을 뿐이지요. 다만 그런 소리를 하기 전에 항상 엄청난 고뇌와 기도를 했습니다. 1971년 방송 미사에서 박정희 대통령이 국회에 '비상 대권'을 요구한 것을 비판하였을 때도 굉장한 고심을 했습니다. 당시 기자 회견을 해도 신문이 말을 할 수 있는 상황이 아니었으므로 생방송은 정말 좋은 기회였지요. 그렇지만 비상 대권이 국가 보위를 위해 정말 필요한 거냐, 꼭 내가 말을 해야 하느냐 하는 걸 두고 성탄 전야를 꼬박 고뇌한 끝에 이튿날 미사 한 시간 전에 '나 아니면 말할 사람이 없다'고 결론을 내려 미사 강론에 그 문장을 삽입했던 것입니다.

독재 정권으로부터 압력은 없었습니까?

물론 여러 번 있었지요. 1972년만 해도 '1인 독재는 절대로 안 된다'고 8월 15일 시국 선언을 하자, 성모 병원에 대대적 세무 사찰을 나온 적이 있었습니다. 그 외 로마 교황청에 사람을 보내어 '김수환은 안 되겠다'는 압력을 넣는 일은 흔했습니다. 재미있는 것은 그때마다 오히려 로마에서는 '누구누구가 다녀갔다'고 제게 알려 줬다는 사실입니다.

교회 문제를 여쭙겠습니다. 서울 대교구가 처음 착좌하실 때보다 엄청나게 커져 일부에선 교구 분할이나 주교의 추가 임명이 필요하지 않나 하는 의견이 대두되고 있는데요.

지역 담당 주교제에 대한 생각

현재 보좌 주교를 합쳐 세 명입니다. 그러나 처음 제가 착좌할 때보다 일이 더 많은 것이 사실입니다. 따라서 사목 요구에 부응하기 위해 보좌 주교를 한 명 더 임명한다든지 교구 분할은 아니더라도 사목적인 분할은 필요하지 않나 하는 생각은 해봅니다만 아직 어떤 구체적인 안(案)을 갖고 있는 것은 아닙니다. 사실 수적 증가가 내적 공동화를 낳는 것이 요즘 교회의 일반적인 모습입니다. 그래서 이천 년대 복음화 이야기도 나온 것이고 소공동체 이야기도 나온 것입니다. 주교의 경우도 최소한 자기 구역의 사제들은 알아야 하지 않겠습니까. 그런데 제 경우만 하더라도 모르는 사제가 자꾸 늘어나고 있으니 큰 문제입니다. 사제들의 절대 수가 개인이 알 수 있는 한계를 넘어서고 만 것입니다. 이렇게 되면 사제와 주교가 물리적인 만남으로 흐를 위험이 있지요. 그래서 지역 담당 부주교로 해결할 수 없겠는가 생각한 것입니다만 아직 안이라고 할 수도 없습니다.

지난 사제 평의회에서 주교 후보를 추천해 보라는 말씀을 하신 걸로 아는데…….

주교 임명은 교황청이 하는 것입니다. 다만 사제들의 의견이 이분이 좋겠다고 일치하면 가능한 그 사람을 추천한다는 말이지요. 어느 교구든지 신부들이 싫어하는 사람을 주교로 임명하는 것은 곤란하지 않겠습니까. 그렇게 되면 결과적으로 사제들이 주교를 추천하는 것과 같다고 할 수 있지요.

추기경께서는 지난 1992년 「사목 교서」에서 이천 년대 복음화를 우리 교회의 과제로 삼으셨습니다. 그 계기는 무엇입니까?

한국 교회는 지난 20여 년간 급속히 성장했습니다. 특히 1981년 조선 교구 설정 150주년 기념 및 1984년 교회 창립 200주년 기념 대회를 계기로 급성장한 것이 사실입니다. 그러나 두 대회가 지난 다음 보니 아까 말한 대로 수적 성장은 했는데 내적 성장이 그에 따르지 못했다는 결론이 나왔습니다. 본당 생활은 갈수록 활기를 잃고 냉담자는 많아지며 신자들의 가치관이 과소비, 사치, 낭비 등 물질적으로 흐르는 것이 이를 입증합니다. 연휴나 주말이면 성당에 사람이 적어지고 여름 휴가철인 8월 15일 성모 승천 대축일이 예전의 축제 분위기를 잃고 소홀해지는 것도 그것을 말해줍니다. 이래서 되겠는가 하는 자각이 교회 내에 자연히 일어났고 그것을 극복하기 위해 이천 년대 복음화를 부르짖게 된 것입니다. 그리고 그 방법으로 생각해 낸 것이 본당 공동체의 비대화를 극복하는 '소공동체' 프로그램입니다.

최근 우리 사회에는 생명 경시 풍조가 만연해 있습니다. 특히 지난번 경희 의료원 정자 사건은 큰 충격이었는데 당시 언론은 그 문제의 본질은 외면한 채 정자에 대한 병균 검사에만 초점을 맞추었습니다. 이유가 무엇이라고 생각하십니까?

1968년 교황 바오로 6세는 인간 생명의 존엄성에 대해 「인간 생명」이라는 회칙을 발표하였습니다. 당시 이 회칙은 너무나 보수적이어서 교회 내부로부터도 비판의 소리가 나올 정도였습니다. 그런데 뜻밖에도 독일의 급진 사회학자 막스 호커하임이 이 회칙을 옹호하고 나서 큰 관심을 불러 일으켰습니다. 나중에 호커하임은 「슈피겔」 지와의 회견에서 "인류가 직면한 가장 큰 문제는 생명이다. 그런데 아무도 지켜야 된다는 사람이 없는데 교황이 이 문제를 거론하고 나섰기 때문에 나는 교황을 옹호한다"라고 그 이유를 밝혔습니다.

당시 독일과 같이 요즘 한국의 언론인들도 이 문제의 심각성을 깨닫지 못하고 있는 것입니다. 그래서 언론이 정자 문제를 생명의 존엄성과 연관시키지 못하고 병균 감염이라든지 주변적인 문제만 거론한 것으로 여겨집니다.

낙태, 정자 거래의 심각성을 잘 모르는 사람들에게 하고 싶은 말씀은 무엇입니까?

사실 인간 생명 조작에의 유혹은 인간의 가장 원초적인 유혹, 즉 하느님과 같이 되고자 하는 아담의 욕망, 바로 그것입니다. 생명에 대한 외경심을 가질 때 비로소 우리는 이 원죄를 이길 수 있습니다. 생명을 실험의 대상으로 보는 것은 2차 대전 당시 일본이나 독일이 생체를 실험한 것과 다를 바가 없습니다. 생체 실험이 비윤리적이라는 것은 누구나 느낍니다만 태아나 정자 실험은 괜찮게 여기는 사람들이 많은데 이것이 문제입니다. 태아, 정자 실험을 아무렇지도 않게 여기는 사람들에게 묻고 싶은 말이 있습니다. "당신의 수태를 누가 실험 대상으로 삼는다면 받아들이겠는가"라고. 아마 그들은 펄쩍 뛸 것입니다. 그렇다면 이제 자명해집니다. 태아나 정자 조작이 얼마나 비윤리적인가 하는 것. 우리 가톨릭은 특히 교회 언론은 생명을 존중하는 풍조를 일깨워 줘야 할 책임이 막중합니다.

이제 집안 내력을 좀 여쭙겠습니다. 할아버지께서는 치명하신 걸로 아는데 어디서 어떻게 순교하셨나요?

충남 연산 사람이셨습니다. 모두 구전으로 들은 것이라 어느 해 어디서 돌아가셨는지 잘 모릅니다. 다만 병인 박해 때 일가족이 모두 잡혔지요. 할머니만이 임신 중이라 국법에 따라 살아나셨다고 합니다. 그때 배 속에 있던 아기가 바로 제 부친이지요.

조부, 서울 감옥서 순교

족보는 없습니까?

할머니가 피신가면서 항아리 속에 넣어 파묻었는데 나중에 꺼내 보니 삭아 없어졌다고 합니다. 광산 김씨인 것만은 틀림없어요. 그리고 뮈텔 주교의 치명 일기에 보면 충남 연산 사람으로 서울로 잡혀 올라와 옥에서 죽은 사람 중 요왕이란 이름이 나옵니다. 학자들은 이 사람이 제 조부인 것 같다고 해요. 어머니로부터 전해 들은 것은 할머니 옥바라지 이야기입니다. 할머니가 자녀들을 시켜 옥에 밥을 갖다 주라고 시켰다고 해요. 그런데 음식을 갖다 주고 오면 "안으로 들여먹더냐"고 물었다고 하는데 "밥을 들여서 먹더라"고 하면 할머니가 좋아했지만 밖에서 내어 먹더라고 하면 교우들이 배교할까 봐 걱정을 태산같이 하셨다고 합니다. 안으로 먹는 것은 감방 안쪽에서 사이좋게 나눠 먹는 것을 의미하고 밖에서 내어 먹는 것은 차례 없이 다퉈 먹는 것을 의미하기 때문입니다.

그렇다면 할아버지는 상당히 오랫동안 옥살이를 한 셈이시군요.

그렇습니다. 〈치명 일기〉에는 병인 박해(1866) 때 잡혀 계축년인 1877년경 옥에서 굶어 죽었다고 적혀 있어요.

외가 쪽 가계는 어떻습니까?

할머니 쪽은 잘 모르고 어머니는 대구의 열심한 교우 집안이셨어요.

외할아버지가 대구 교회 창립에 밑거름이 되셨고, 외삼촌 중 한 분이 수도자도 아니면서 평생을 동정으로 살아 '서(徐) 동정'이라고 불리셨다고 합니다.

할아버지 돌아가신 후의 생활과 추기경님의 어린 시절을 간단히 말씀해 주십시오.

선친은 옹기를 구워 팔았는데 형님들의 기억에 의하면 할머니와 아버지의 고생이 말이 아니셨다고 합니다. 부친이 소년 때 명동서 뮈텔 대주교님과 김보록 로베르토 신부님 밑에서 심부름을 하셨다고 합니다. 그리고 저는 소년 시절을 대구에서 보냈는데 평범했습니다. 어머니의 뜻에 따라 형님과 저는 신부가 되었지요.

할아버지 얘기를 듣고 보니 추기경님이 우리 교회의 지도자가 되신 것이 우연이 아니라는 생각이 듭니다. 무명 순교자의 후손으로 하여금 '103위 시성식 제사장'을 맡도록 한 하느님의 배려가 느껴집니다. 어쨌든 추기경님의 착좌 25주년을 다시 한번 축하드리며 오랜 말씀 감사합니다.

대담 : 이충우 국장

● 「서울 대교구장 착좌 25주년 기념 특별 평화 신문」, 1993. 4. 18.

무소유의 정신

우리 종교계에 기념비적인 훈훈한 일화가 생겼다. 천주교를 대표하는 김수환 추기경의 이번 행보는 우리 사회가 종교 간 서로 포용하고 화합하는 정신으로 나아가야 한다는 사실을 몸소 실천으로 보여 준 뜻 깊은 일이었다. 가톨릭과 불교, 양대 종교를 대표하는 지도자들은 공식 행사를 끝내고 반갑게 정담을 나누었다.

천주교 서울 대교구장인 김수환 추기경이 한 사찰의 개원식에 참석해 축사를 했다. 김 추기경은 제3공화국 시절 재계 실력자들의 사랑방이었던 '대원각(大圓覺)'(서울 성북구 성북동)이 12월 14일 청정 도량(淸淨道場) 길상사(吉祥寺)로 새롭게 태어나는 자리에 이례적으로 참석한 것이다.

사찰 개원식에 타 종교의 어른을 모시는 불교계의 열린 마음과 이를 기꺼이 받아들인 김수환 추기경의 넉넉한 포용은 독선과 배타 정신에 길

들여진 현대인들에게 진정한 교훈을 준 것이다.

김수환 추기경의 사찰 개원식 참석은 천주교 춘천 교구장으로 있는 장익 주교의 숨은 노력의 결과였다. 장 주교는 길상사 회주 법정 스님과 20년이 넘는 세교를 맺어 온 사이인데, 두 사람이 교계가 서로 화합하는 모습을 몸소 실천하자는 뜻으로 이번 일을 추진했던 것이다. 한 달 전 길상사 주지 청학 스님이 김수환 추기경을 방문해 개원식에서의 연설을 부탁했지만 시간적인 문제도 있고 해서 축사로 대신하게 되었다고 한다.

어려운 시절 마음의 쉼터가 태어나 기쁘다

오후 2시에 시작한 개원식에는 삼천여 명의 신도와 스님, 정·재계 인사가 참석했고 시주자인 김연한 할머니(81)와 김수환 추기경, 법정, 직지사 조실 관응, 조계종 총무원장 송월주 스님 등이 법당 앞줄에 정좌했다. 김수환 추기경이 경내로 들어서자 참석한 신도와 내빈들은 우레와 같은 박수로 추기경을 환영했다. 김 추기경의 축사 순서가 되자 법정 스님은 자리에서 일어나 손수 추기경의 외투를 벗겨 손에 걸치고, 엄숙한 자세로 축사를 경청했다.

김수환 추기경은 찬불가, 반야심경 독송 등 예식이 진행되는 동안 시종 눈을 지그시 감거나 정면을 응시하며 타 종교의 예식에 동참했다. 추기경의 사찰 공식 행사 참석이라는 이례적인 뉴스를 취재하기 위한 보도진의 열띤 취재 경쟁이 과열 양상을 띠자, 법정 스님은 추기경에게 플래시 세

례를 터뜨리는 사진 기자들에게 손을 저어 자제를 요청하기도 했다.

김수환 추기경은 "뜻 깊은 자리에 초대해 줘서 감사드린다"라고 인사를 건네면서 "평소 존경하는 법정 스님의 노력으로 서울 시내 한복판에 자연경관이 수려한 길상사가 세워지게 돼 시민의 한 사람으로 기쁘게 생각한다"라는 덕담도 덧붙였다.

"우리 모두가 느끼고 있듯이 현대 도시의 삶이라는 것은 너무도 복잡합니다. 우리는 잠시도 안정을 취하기 힘들 정도로 일과 근심 걱정에 쫓기며 살고 있습니다. 정말 이렇게 살아야 하는 게 인생인가 하는 의문이 듭니다. 이런 때에는 모두가 잠시 자신의 모습을 돌아봤으면 하는 마음입니다. 특히 최근에는 우리의 정치, 경제 모두가 어려운 지경에 처해 있습니다. 나라의 운명이 염려스러울 정도로 산란합니다. 잠시 멈춰 서서 우리의 삶을 반성하고 회개해야 하겠습니다. 이처럼 우리 마음을 진정시키고 명상에라도 잠길 수 있는 마음의 쉼터가 있었으면 하는 간절한 바람이 있던 차에, 길상사가 개원된 것은 더욱 그 의미가 큰 것입니다."

길상사가 이름 그대로 "길하고 성스럽고 평안함을 주는 우리 마음의 지표를 심어 줄 것"이라며 "법정 스님이 펼치고 있는 '맑고 향기롭게 운동' 처럼 많은 이에게 청정한 향기가 샘솟게 하는 도량이 되기를 바란다"라고 소감을 말했다.

이에 대해 법정 스님은 "주일임에도 귀한 시간을 내어 자리를 빛내 주신 데 대해 감사의 인사를 올린다"라고 화답하면서 앞으로 길상사를 많은 이들이 선 수행과 문화적 풍요를 만끽할 수 있는 다목적 도량으로 닦아 나가겠다고 포부를 들려줬다.

행사를 마친 후 김수환 추기경은 송월주 총무원장과 법정 스님의 안내로 대법당 뒤편 요사채로 자리를 옮겨 환담을 나눴다.

김 추기경은 "법정 스님을 만나 뵌 적이 있는지요, 법정 스님의 저서 〈무소유(無所有)〉를 읽어 보셨는지요?"라는 기자의 질문에 "글쎄, 법정 스님은 하도 사진으로 자주 대하신 분이라서"라고 너털 웃음을 지으며 이렇게 대답했다.

"법정 스님은 우리 수도회 같은 데에 오셔서 강의도 많이 해 주시고 우리 교회를 위해 많은 신경을 써 주시는 분입니다. 우리 장익 주교와는 아주 절친한 분이시지요. 그런데 스님의 저서 〈무소유〉를 다 읽지는 못했고 '무소유' 부분은 참 잘 읽었습니다"라고 대답했다. 차 한 잔을 놓고 마주한 자리에서 김수환 추기경과 법정 스님의 환담이 이어졌다.

추기경 _ 이런 큰 역사를 추진하셨다니 대단하십니다. 혼자 사시면서 좋은 일을 해 오시는데 힘도 많이 드실 테고 경의를 표합니다. 손수 밥 짓고, 빨래하고, 다 하시려면 너무 힘이 들 텐데······.

법　정 _ 옛날부터 저희 불가에 내려오는 전통적인 기풍입니다.

추기경 _ 나는 그렇게 하려 해도 못할 것 같아요. 춥고 고생스러운 게, 겨울에는 불도 때야 하고, 자신 없을 것 같습니다.

법　정 _ 습관이 들면 괜찮습니다. 누가 해 줘 버릇하면 나에게 잠재된 능력이 사장되는데 자꾸 하다 보면 적응 능력이 생기는 것이지요, 그리고 성격이 괴팍하니까 혼자 사는 겁니다. (웃음)

추기경 _ 더 자유로워지는 거죠. 그래서 그런 삶이 더욱 부러운 건데. 마음으로는 부러워하면서도 정작 그렇게 하지는 못하고 있습니다.

법　정 _ 제가 폼만 재고 있는 거지, 실제적으로는 잘 살고 있는 게 아닙니다.

■ "그저 폼만 재고 있다"라는 법정 스님의 대답에 추기경은 웃음으로 대신했고 곁에 있던 송월주 조계종 총무원장이 종교계 지도자들이 화합에 나서야 한다는 취지의 말을 이어 갔다.

송월주 _ 다양한 문화와 다양한 종교가 함께 공존하는 현실에서는 우리가 저마다의 갖춘 도량을 통해 제 몫들을 해내야 한다고 봅니다. 사회를 건강하게 만들고, 지혜와 힘을 모아서 나라를 번영시키고 통일을 이뤄 내야 하는 것이지요. 자칫하면 갈등을 일으킬 수도 있는 게 아닙니까. 이어령 박사는 한국은 문화 정서상 지역적으로나 종교적인 갈등이 일어나지 않을 것이라고 강의를 하더군요. 강원룡 목사도 우리의 종교가 조화롭게 공존하는 것은 한국의 정신 문화 풍토에 기인한다고 진단을 하시지만 그렇다고 해서 이 상태를 그대로 두고만 보아서는 안 된다고 생각합니다.

사회 원로들의 판단과는 달리, 말단에 이르러서는 극단적 자극적 행위가 나타날 개연성도 있거든요. 지도자들이 대중을 설득하고 일깨우는 일에 힘을 기울여 나가야 합니다. 공존 공생하며 나라의 건강에 보탬이 되게 하는 게 사회 원로들과 우리 종교 지도자들이 해야 할 일이라고 봅니다.

국민 모두를 감쌀 수 있는 지도자가 절실하다

■ 법정 스님은 몇 해 전 이탈리아 로마에 갔을 때의 일화를 꺼내며 김수환 추기경과의 인연을 풀어 갔다.

법 정 _ 몇 해 전 제가 로마에 갔을 때 장익 주교님의 배려로 김 추기경님께서 기거하셨던 객실에서 며칠 편안하게 묵고 온 적이 있습니다.

추기경 _ 아, 그렇습니까? 그 집 참 뜻 깊은 곳인데……. 개원식에서 말씀하신 대로 재산 전체를 아낌없이 내놓으신 분, 참 대단한 정신이에요. 그 정신을 우리 모두가 본받아야 될 것 같은데…….

법 정 _ 그것도 이제 달리 표현하면 '무소유'의 정신입니다. 가진 것을 한 생각 돌이켜서 내놓은 것이지요.

추기경 _ 근데, 그게 보통 일이 아니에요. 참 힘든 일이지요.

법 정 _ 저는 그 큰 시주를 감당할 수가 없어서 몇 차례 사양했습니다. 그런데 길상화 보살님(김영한 할머니의 법명)께서 자신의 첫 마음을 내놓은 것이라고 해서 뜻을 거두어들일 수 있었습니다. 제 개인의 차원을 떠나 이런 도량이 하나 세워지면 많은 분들이 덕을 볼 수 있을 것 같다는 판단에 제 개인의 생각을 접고 받아들인 겁니다.

송월주 _ 그처럼 마음이 텅텅 비니까, 빈 그릇에 물이 차듯 채워지는 것이지요. 사양을 하니까 자꾸 시주하려는 것이지, 뭘 구하려 하면 오지 않는 겁니다. 비워야 오지요.

추기경 _ 그렇습니다. 그래서 저한테는 아무것도 안 와요.

■ 순간적으로 법정 스님이 김 추기경의 말을 알아듣지 못하고 재차 물었다. 그러자 추기경은 "저한테는 아무것도 들어오지 않는다고요"라고 조크를 던져, 좌중에 폭소가 터졌다.

법　정 _ 너무 꽉 차 있어서 관리하기 어려우니까 안 가는 겁니다. 하실 일이 너무 많으시잖습니까?

추기경 _ 뭐로 찼는지……. 찼을까? (웃음)

법　정 _ 우리 천주교 전체를 관장하시는 분이니까 찬 것이지요.

추기경 _ 제가 다 관리하는 것이 아닙니다. 춘천 교구장이신 장익 주교님과 동등한 입장입니다.

법　정 _ 정신적으로 전체를 관장하시지 않습니까.

■ 김수환 추기경과 법정 스님에게 '요즘과 같은 총체적 난국에 과연 어떤 지도자가 나와야 하는가'를 물었다.

추기경 _ 어떤 지도자를 바라겠습니까? 좋은 지도자지요. 모두를 감싸는……. 요즘 우리나라가 하도 어렵게 돼 있으니만큼 국민 모두를 감쌀 수 있는 지도자, 그런 분이 되면 좋겠네요.

법 정 _ 저도 김수환 추기경님의 말씀에 전적으로 동감합니다.

■ 이날 김수환 추기경과 법정 스님은 다음 일정 때문에 훗날을 기약하며 아쉬운 첫 만남의 자리를 마쳤다. 두 사람은 굳게 손을 부여잡고 '건강하시라', '잘 해내시길 빈다'는 작별 인사를 나누었다.

● 「Feel」, '법정·송월주 스님과의 대담', 1998. 1.

교구장직을 떠나면서

착좌 30년을 맞아 가장 기억나는 일은 무엇입니까(가장 기뻤던 일, 또 가장 가슴 아픈 일)?

한국 천주교 전래 200주년과 세계 성체 대회, 그리고 6·10 항쟁이 가장 기억에 남습니다.

요즘 가장 관심 있게 본 책이나 연극, 영화는 무엇입니까? 또 과거 텔레비전 공개 방송에서 '애모'를 불러 화제를 모으셨는데 새로운 신곡 레퍼토리는 어떤 것입니까?

관심 있게 읽은 책은 〈돌아온 탕자〉라는 책인데, 하느님 아버지께로 돌아가서 그 앞에 엎드려 용서를 빌고 싶은 마음, 용서하여 주시는 자비 지극하신 아버지 품에 안기고 싶은 마음을 그린 책입니다.

서울 대교구장을 물러나신 뒤 구상하신 일을 구체적으로 말씀해 주십시오.

지금 현재로서는, 허락되면 우선 어디든 떠나고 싶습니다. 그리고 거기 가서 운전 면허를 따고……. 그렇게 마음 가는 대로 여행을 하고 싶습니다. 그다음 어느 기간이 지난 후에는 돌아와서 젊은이들과 함께 기도하며 신앙생활을 위해 봉사하고 싶습니다.

현재 우리 사회에서 가장 큰 문제는 경제 문제입니다. 물론 새 정부가 출범한 지 100일도 안 된 시점에서 평가하는 것이 이르기는 하지만, 문제를 풀어 가는 방향에 문제가 있다고 봅니다. 정부의 구조 조정이 이미 실패로 판정 난 마당에 기업의 구조 조정을 요구하는 것이 설득력이 없고, 경제의 회복이라는 명분 아래 국가의 문화 정책은 사실상 포기하는 등 1970년대 개발 경제 시대의 방법론을 현시점에 적용하는 듯한 느낌입니다. 합심하고 허리띠를 동여매자는 데는 동의합니다. 그러나 허리띠를 동여맨 다음이 보이지 않습니다. 어떤 비전을 갖고, 어떤 방법론으로 오늘의 경제난을 극복해야 되는지 말씀해 주십시오.

정부의 문제를 풀어 가는 방법에 문제가 있다든지, 정부의 구조 조정이 실패로 판정 났다든지 하는 전문적인 문제에 대하여 저는 논평할 수 있는 식견이 없습니다.

통일 문제는 여전히 시급한 문제인데 국민 일반의 인식은 그렇지 않은 것 같습니다. 통일에 대한 두려움마저도 갖고 있는 것 같습니다. 어떤 방향의 통일이 바람직한지 말씀해 주십시오.

통일은 평화 통일이라야 하지요. 그런데 이를 위해서는 참으로 북(北)을 마음으로 껴안을 만큼 큰 아량과 인내가 필요한 것 같습니다. 절대로 서둘지 말고 지혜롭게 대처하면서도, 또 북이 필요로 하는 식량 원조를 주면서도 북의 체면에 상처를 입히지 않는 그런 지혜와 인내가 필요하고, 기다릴 줄 알아야 합니다.

21세기를 문화의 시대라고 합니다. 문화의 발전 없이 경제의 발전도 기대할 수 없다는 말로 간단히 이해하고 있습니다. 또 오늘날 우리가 국제 통화 기금(IMF)의 구제를 받고 있는 상황에 빠진 것도 우리가 독창적인 우리의 문화를 개발하고 알리는 데 실패한 결과라고 혹자는 말합니다.

문화 시대를 살아 나가기 위한 방향에 대해 말씀해 주십시오.

저는 우리의 독창적인 문화를 개발하고 알리는 것에 실패했기 때문에 IMF 시대가 왔다고 하는 것은 솔직히 말해서 저로서는 무슨 뜻인지를 잘 헤아리지 못하겠습니다.

문화는 무엇입니까? 학문 연구나 과학 기술의 발달, 경제 발전, 이 모든 것이 참으로 인간을 위하고, 모든 인간이 존엄한 존재로 존중되며, 모든 인간의 삶의 질을 높여 주는 것이 문화가 아닌가 생각합니다. 그래서 이렇게 모든 면에 인간을 위하는 이른바 '사랑의 문화'를 우리는 창조해 가야 합니다. 저는 참으로 우리 경제가, 국민 모두가 사람답게 살도록 하는 데 중점을 두고 정의롭게 운영되어 왔더라면 우리 사회는 보다 휴머니즘에 바탕한 문화적인 사회가 되었을 것이고, 지금과 같이 IMF시대에 떨어지지 않았을 것이라는 생각을 합니다.

종교는 어려움을 극복해 내는 가장 큰 힘이라고 생각합니다. 또 미래를 전망하는 중요한 틀이기도 합니다. 그러나 일반적으로 우리 종교는 그런 역할을 수행하지 못했다고 생각합니다. 천주교는 비교적 덜 그랬지만 기독교나 불교 등은 외형 성장만 추구하는 등 사회의 흐름을 타기만 했지, 사회를 올바른 방향으로 이끌어 가는 데는 실패했다고 봅니다. 앞으로 올바른 종교의 역할에 대해서 말씀해 주십시오.

올바른 종교의 역할, 종교는 자기 자신을 위해서 있지 말아야 합니다. 특히 그리스도교가 그렇습니다. 그리스도는 완전히 남을 위해서 당신을 바치신 분, 모든 이에게 모든 것이 되신 분이십니다. 그중에서도 가난한 이, 병든 이, 소외된 이들과는 당신 자신과 일체화시키셨습니다. 그래서 "저 보잘것없는 형제 하나에게 해 준 것이 곧 내게 해 준 것이다"라고 말씀하셨습니다. 우리도 이 그리스도를 본받아 살아야 합니다. 그런데 현실은 그렇지 못한 경우가 사실 적지 않습니다. 크게 반성해야 하겠습니다.

● 「문화 일보」, 1998. 5. 27.

서울 대교구장 30년 회고

지난 5월 29일 명동 대성당에서 교구장 착좌 30주년 기념 미사를 집전하셨는데, 교구장으로서 마지막 미사를 집전한 심정이 어떠하셨습니까? 물론 공식 발표는 다음 날이었습니다만…….

하느님께 감사와 찬미를 드리고, 또 교구민 모두에게 감사드리는 심정이었습니다.

30년 전, 서울 대교구장 소임을 맡으셨을 때의 심정은 어떠하셨으며, 착좌 당시와 지금을 비교해 볼 때, 가장 큰 차이점은 어떤 것입니까?

30년 전, 저는 어느 모로 보나 서울 대교구장이 될 자격이 없는 사람이었는데, 그때 서울 대교구에는 갚아야 할 빚을 비롯해서 한 교구가 잘못될 때 생길 수 있는 거의 모든 문제가 한꺼번에 터져 있었습니다. 신학교 문제, 동성 학교, 성모 병원 의료진 분열 및 수도회의 내적 갈등, 사제 간의 불일치 등 누구도 감당할 수 없는 문제인데 제가 십자가를 져야 한다고 지명되었습니다. 피할 수도 없는 사정이었어요.

착좌 당시에 비해 지금의 교세는 많은 신장을 해 왔는데요, 교회 본연의 임무라고 할 수 있는 복음 전파를 위해 추기경님께서 특별히 주력하신 사목 방향은 어떤 것이었습니까?

지금도 '가지 많은 나무에 바람 잘 날 없다'는 말대로 결코 모든 것이 잘 되어 가고 있다고는 말할 수 없습니다. 그러나 그때에 비하면 안정이 되어 있다고 볼 수 있겠지요.

'너희와 모든 이를 위하여'를 사목 지표로 선택한 동기는 무엇이며, 그 지표를 항상 생각하셨는지요?

그것을 선택하게 된 것은 저를 잘 아는 어느 독일 수녀님의 권고였습니다. '너희와 모든 이를 위하여'는 미사 때 성체와 성혈 변화 때의 말씀입니다. 교회의 모든 행위의 중심과 정점은 미사이고, 이 말씀은 그 한가운데 핵심이 됩니다. 우리를 구원하러 오신 예수님이 우리를 위해서 당신의 목숨까지 내놓으실 뿐 아니라 우리의 밥이 되기까지 하신 것, 예수님이 당신을 아낌없이 내어 주시는 사랑의 극치를 증거하는 말씀, 주교도 그렇게 자기 신자들을 위하여 예수님처럼 내어 주어야 합니다.

추기경님께서는 소외받고 고통받는 이들에 대한 관심이 남다르신데요, 특별히 그들에게 애정을 쏟는 이유가 어떤 것입니까?

교회는 예수님처럼 가난한 이와 가까이 있을 때 모든 이를 위해 있을 수 있습니다. 어떤 이들은 가난한 이만을 생각하면 가진 이들을 소외시킨다고 말하는데 그럴 듯하게 들립니다. 그러나 우리는 가진 이들도 물론 돌보아야 하지만 그분들과 더 가까이 있으면 가난한 사람은 완전히 소외됩니다.

가난하고 고통받는 이와 함께하는 것이 우리 교회의 본분이라고 할 수 있는데요, 추기경님께서 사목적 차원에서 가난한 이에 대한 배려를 시작하게 된 계기가 있었을 것이라고 생각됩니다만.

구체적 계기는 대구에서 가톨릭 신문사 사장으로 있을 때 '희망원'이라는 곳에 간 적이 있었습니다. 그것은 말이 '희망원'이지 실제로는 모든 종류의 불행한 사람들, 가난만이 아니고 병들고 버림받고 돌볼 사람이 없는 사람들이 모인 곳이었습니다.

1970년대 암울했던 유신 정권 치하에서 추기경님께서는 사회 정의에 관한 발언을 서슴지 않으셨는데요, 그렇게 하실 수밖에 없었던 당위성이랄까, 추기경님의 입장 같은 것을 말씀해 주십시오.

독재로 인간이 인간으로서 대접을 받지 못하고, 인권 유린과 탄압으로 국민들이 고통을 받고 있던 상황이었습니다. 그런데 이에 항거해야 할 말을 하는 이는 극히 적었고, 또 그들은 그 즉시 구속되고 감옥에 가야 했습니다. 그럴 때에, 불의를 보고서 교회가 침묵을 지킬 수는 없지요.

당시 추기경님의 대정부 발언이라든지 그런 것이 교회의 현실 정치 참여라는 비난과 찬성을 동시에 받으셨는데요. 그럴 때 추기경님의 솔직한 심정은 어떠셨습니까?

솔직한 심정은 착잡하였고 괴로웠지요.

민주화와 관련된 일련의 사건들(예를 들면 지 주교님 구속 사건, 오원춘 사건, 박종철 사건, 한국 통신 사건 등) 중에서 추기경님께서 제일 힘들게 받아들인 사건이 어떤 것이었으며, 그때의 이야기를 좀 들려주십시오.

5·18 광주 민주화 운동 사건 당시, 그때 사형 선고를 받은 사람들을 비롯하여 구속 기소된 분들의 가족들이 제 방에 와서 3일 동안 단식 농성을 했습니다. 며칠을 함께 지내야 했는데, 문제는 사형 언도를 받은 사람들 중에서 한 분은 구명하기가 힘들었습니다.

서울 대교구장직을 은퇴하신 후 제일 하시고 싶으신 일은 어떤 겁니까?

은퇴 후에는 우선 자유를 만끽하고 싶습니다. 새가 날 듯 어디든지 가고 싶은 마음이 듭니다. 우선 가능하면 운전 면허를 따야죠, 혼자 돌아다니려면. 그렇게 좀 쉬다가 돌아와서 가능한 봉사하는 일을 하고 싶습니다.

지난 30년을 돌이켜보시면서 제일 아쉬웠던 점이 있다면 어떤 걸까요?
가장 괴로웠던 점은 5·18 사건 때인데, 광주에서는 참혹한 소식이 들려오는데 여기서 혼자 아무것도 할 수 없는 그런 안타까움 때문이었습니다.

또 사목 현장에서 제일 기억나는 사건이 있다면 어떤 것이었는지 말씀해 주십시오.
6·10 항쟁 당시 학생들이 전경들의 포위 속에 명동 대성당에서 밤낮으로 농성을 하고 있었을 때의 일입니다. 당국에서는 병력을 투입해 강제 해산할 계획을 세워 두고 한 사람이 제게 이를 통보하러 왔더군요. 그때 제가 그랬습니다. "그렇게 되면 큰 비극이 일어난다. 그 사람들이 들어오면 제일 먼저 나를 보게 될 것이고, 나를 쓰러뜨리고야 신부님들을 볼 것이고, 신부님들을 쓰러뜨리고야 수녀님들을 볼 수 있을 것이다. 학생들은 그다음에나 볼 수 있을 것이다." 그 말 때문인지 명령이 취소되고 학생들은 무사히 버스를 타고 돌아갈 수 있었어요. 교회 내적으로는 1984년 교회 설립 200주년 기념식에 교황님이 전국을 방문하시고 마지막에 교황님 주례로 103인을 순교 성인으로 모셨습니다. 1989년 세계 성체 대회를 성대하게 치르면서 다시 교황님을 모신 일이 기억에 남습니다.

이건 여담입니다만 추기경님과 관련된 책이나 회고담을 보면 추기경님께서 사제가 되기 전에 좋아하는 여인이 있었다던데요?

저에게 결혼을 하자고 청혼해 온 분이 있었어요. 그때까지도 전 신부가 될 것인가 말 것인가 많이 망설이던 중이었습니다. 그런데 이런 요구를 받은 겁니다. 그때 무슨 생각이 떠올랐나 하면 내가 그 사람의 남편으로 사랑하면서 살아 나갈 자신이 서지 않았어요. 그런데 내가 만일 신부가 되어 나름대로 노력을 하면 봉사를 통해 많은 사람들에게 도움을 줄 수 있겠다는 생각이 굉장히 확실하게 떠올라요. 그래서 신부 되는 길을 망설이고 있다가 신부가 되는 쪽으로 더 마음을 굳히는 계기가 되었어요.

사제 생활에 영향을 끼치신 분이 있었다면 어떤 분이셨는지 말씀해 주십시오.

신부의 길로 들어선 점에 대해 말하면 사실은 저의 어머니를 말씀드리지 않을 수 없군요. 제 어머니는 공부를 많이 하신 분은 아니죠. 당신의 이름 석자를 한문으로 쓰시고 한글을 읽으실 수 있는 정도였습니다. 제가 여덟 살 때 아버지가 돌아가시고 어머니 혼자 8남매를 키우셨죠. 막내인 저하고 바로 위 형님에게는 공부를 시키면서 너희 둘은 신부가 되라고 권하셨어요. 제가 신부가 된 근본적 동기는 어머니라고 할 수 있습니다.

여러 여론 조사에서 사회적 영향력이 가장 큰 지도자로 꼽히시는데 그 까닭은 무엇이라고 생각하시나요?

제가요? 영향력은 역시 정치하시는 분들이 아닙니까? 좀 있는지 몰라도 물거품이에요. 몰래 카메라의 이경규 씨와 함께 '레미제라블(Les Misérable)'인가를 본 적이 있는데, 젊은이들이 저보다도 이경규 씨한테 사인해 달라고 더 몰려오더라고요. 그래서 저의 영향력이란 것도 거품이구나 하는 것을 알았지요.

● 서울 대교구장 30년 특별 기획 인터뷰, 1998. 6. 15.

새 천 년의 의미

1998년 서울 대교구 교구장에서 물러나신 이후, 그전보다 시간이 조금 여유로우실 것으로 추측이 됩니다. 요즘은 어떤 일을 하고 계시는지 독자들이 궁금해하고 있습니다.

심리적으로는 더 여유가 있습니다. 그러나 강연, 강론, 피정 지도 등 여러 가지 요구가 많아져서 시간적으로는 더 바쁘게 보내고 있습니다.

예수 그리스도 탄생 삼천 년대의 시작을 맞이하여 새로운 밀레니엄이다, 대희년이다 해서 온 세계가 축제 분위기입니다. 새 천 년의 의미를 어떻게 받아들여야 하는지 말씀해 주십시오.

새 천 년의 의미는 큽니다. 이른바 정보화, 세계화 시대의 새 역사의 장이 시작됩니다. 이미 정보화, 세계화 시대는 시작되고 있다고 말할 수 있습니다. 아무튼 그것이 새 천 년기와 함께 가속화할 것입니다. 그리하여

인간관계를 비롯하여 모든 관계가 좁아지고 세계는 이른바 지구촌이라고 부를 수 있을 만큼 좁아질 것입니다. 모든 나라와 민족이 함께 잘사는 아름다운 공동체를 이룰 수 있고, 또 그래야만 우리는 함께 살 수 있습니다. 그렇지 않으면 서로 살아남기 위한 치열한 경쟁으로 약육강식의 비극이 벌어질 것입니다. 우리는 그 어떤 길로 갈 것인지 생명의 길 혹은 죽음의 길이라는 갈림길에 서 있습니다.

우리가 살고자 하면 신명기 30장 15절부터 20절에 나오는 말씀대로 생명을 택해야 하고, 그것은 하느님을 사랑하고 그분의 말씀을 듣고 따르며 사는 것입니다. 우리는 사실상 앞으로 이 하느님과 함께 사느냐 아니면 물질주의, 세속주의로 말미암아 하느님 없이 사느냐 하는 양자택일을 하게 될 것입니다.

요즘 우리의 신문지상을 가득 메우고 있는 옷 로비 사건에 대해서 온 국민이 분노하고 있습니다. 특히, 이 사건에 나오는 여인들이 국회 청문회에서 한결같이 '성서'에 손을 얹고 맹세하면서 결백을 주장했습니다만, 결국 거짓투성이임이 밝혀지고 말았습니다. 기독교 문화가 기초가 되어 있는 서양에 비해 우리나라에서는 성서나 하느님의 이름으로 맹세하는 거짓말쟁이들이 너무 많은 것 같습니다.

하느님이 액세서리가 된 경우가 적지 않습니다. 자기 필요에 따라서 하느님을 찾고, 자기 이익에 반하면 하느님을 버리고, 우리 모두에게 약간씩 이런 위험이 있습니다. 그래서 갑자기 집안에 우환이 생긴다든지,

사랑하는 누가 죽는다든지 하면 우리는 그 고통을 이기지 못하여 하느님을 원망하고, 더 나아가 하느님을 부정하기까지 합니다.

저는 우리나라 사람에게 가장 필요한 것이 - 위 아래 없이 - 정직과 성실이 아닌가 생각합니다. 옷 사건만이 아니고 거의 매일같이 사기, 횡령, 뇌물 수수 등으로 구속 기소되는 이들이 너무 많고 너무 잦습니다. 우리나라 사람은 서로를 믿지 않습니다.

요즘 우리 아이들은 사이버 시대에 살고 있습니다. 컴퓨터 앞에서 벌어지는 닫힌 공간에서 혼자 지내는 시간이 많다 보니 자연히 아이들은 자연의 변화와 자연 속에 잠겨 있는 법칙이나 공동체 생활에 필요한 예의나 규칙, 이런 것을 배울 기회가 아주 드뭅니다. 추기경님께서는 우리 주부들이 요즘 아이들에게 어떻게 교육을 시키는 것이 바람직하다고 보시는지요?

우리 어머니들이 참으로 어린아이들 교육을 좀 잘해 주었으면 하는 바람이 간절합니다. 어머니들은 아이들을 자신의 허영심 충족의 도구로 전락시키고 있습니다. 그리하여 아이의 자질과는 상관없이 아이를 피아니스트로 만들려고 한다든지, 골퍼를 만들려고 한다든지 하는 욕심이 크고, 이를 위해서 과외 공부를 엄청나게 시킵니다. 그러나 정말 아이의 장래를 위한다면 그 아이가 훌륭한 인간이 되도록 인성 교육을 잘 시켜야 합니다. 그리고 아이들은 어릴 때 부모의 좋은 교육을 가장 잘 받아들일 수 있게, 수용하기 쉽게 준비되어 있다고 믿습니다.

추기경님께서는 어릴 적 꿈이 무엇이셨습니까?

멀리 서산 너머에 있을 것 같은 고향을 찾아가는 것이었습니다.

1993년 「소년 한국일보」에 연재된 '저 산너머'란 제목의 추기경님 어린 시절의 이야기를 보면, 성적표를 받아 오던 날 어머님께서 실망을 하지 않게 해 달라고 하느님께 기도하기도 하셨다고 하는데, 성적은 어땠습니까?

옛날에는 갑을병으로 성적을 매겼습니다. 우리 형님은 늘 갑이 많았는데 저는 을이 더 많았습니다. 때로는 병도 있었고.

추기경님께서는 초등학교에 해당하는 대구의 성 유스티노 신학교 예비과를 졸업하고, 서울 동성 학교 을 조(신부가 되려는 신학생반)에 다니셨습니다. 중·고등 학교 시절의 기억에 남는 일이나 일화를 들려주십시오.

제가 신학교에 있기 싫어서 꾀병으로 한 학기 쉰 것, 신부는 되고 싶다고 되는 것이 아니고, 되기 싫다고 안 되는 것이 아니라는 것.

추기경님께서는 동성 학교 시절에도 학교를 벗어나기 위해 꾀병을 부리는 등 신학교를 벗어나려고 하셨던 일이 있는데, 혹시 사모했던 여인이나 혹은 여자를 사귀고 싶다는 생각은 없으셨습니까?

구체적으로는 누구라고 할 수 없어도 이성에 대한 막연한 호기심은 가졌겠지요.

일본 상지대 철학과에 유학중이던 1941년에 학병으로 편입되신 뒤 오가사하라 제도의 치치시마라는 섬에 배치되어 근무하셨습니다. 가장 견디기 어려웠던 시기라고 생각됩니다만 그때의 상황과 추기경님의 심적 변화에 관하여 말씀해 주십시오.

거기서는 그곳을 탈출하여 미군이 점령한 유황도로 도망쳐 보자는 계획을 세우고 실행에 옮기려 하였으나 실패했고, 그 후 해방된 후 담배를 피우게 된 것, 미군과의 금지된 만남을 가졌던 것 등등…….

추기경님의 어머님께서 아주 각별한 분이시라고 알려져 있습니다만 어머님은 어떤 분이셨습니까?

아주 엄격하시면서 자상한, 정이 많으신 분, 신앙이 깊으신 분이었습니다.

추기경님께서는 '어머님의 권고에 못 이겨 신학교에 입학했지 자발적으로 신학교에 온 것은 아니다'라는 말씀을 명상록에서 한 것을 보았습니다. 만약 그때 신학교에 가지 않았다면 지금쯤 추기경님께서는 어떤 일을 하고 계셨을 것 같습니까?

하루 밥 세끼 밥벌이도 제대로 못할 처지였겠지요.

추기경님께서는 13세에 신학교에 입학한 지 18년 만인 1951년에 사제 수품을 받았습니다. 특별히 신부님이 되신 계기가 있으신지요?

어머님의 권고, 그리고 어떤 여인이 있었지요.

추기경님께서는 결혼을 하고 싶다는 충동을 느끼신 적은 없으신가요?

처음부터 제가 원한 것은 결혼이었습니다.

추기경님께서는 사제가 되신 후 거의 매일 미사를 집전하시는데, 가장 인상에 남는 미사는 언제였는지요? 그리고 혹 실수를 하신 적은 없었는지요?

첫 미사 때.

추기경님 명상록 〈우리가 서로 사랑한다는 것〉 중, '가장 힘들었던 순간'을 지학순 주교가 1974년 민청련 사건에 연루, 구속되었을 때와 1980년 광주 민주화 운동 때의 일이라고 하셨습니다. 많은 시간이 지났습니다만, 먼저 광주 민주화 운동 당시를 생각하면서 하시고 싶으신 말씀이 있으신지요?

특히, 광주는 우리 민족의 가슴에 깊이 패인 상처이기 때문에 진실의 빛 아래, 이 상처를 드러내지 않는 한, 영원히 아물지 않을 것이라고 하셨는데, 지금 우리는 진실의 빛 아래 이 상처를 제대로 드러내고 있다고 보시는지요?

진실은 상당히 드러났다고 봅니다. 그러나 아직도 많은 이의 상처는 낫지 않은 것 같습니다.

추기경님께서는 박정희 대통령, 노태우 대통령을 만나셨던 기억을 말씀하신 적이 있는데, 추기경님께서 우리나라 역대 대통령에 대한 특별한 기억이 있다면 어떤 것이 있습니까?

박정희 대통령과의 대담입니다.

현재 김대중 대통령께서는 독실한 가톨릭 신자이십니다. 신앙인으로서의 김대중 대통령은 어떤 분이라고 생각하시는지요?

최선의 노력은 하고 계신다고 믿습니다.

요즘 우리 사회에서는 매년 이혼율이 급증하고 있습니다. 추기경님께서는 혼인의 의미를 어떻게 풀이하시는지요?

혼인은 하느님이 맺어 주신 남녀의 결합으로서, 혼인과 그 가정은 인간 사회의 가장 기본적인 틀입니다. 이것이 무너지면 사회가 무너집니다.

과거 우리의 전통적인 여성상과 비교해 볼 때 요즘 우리 30대 여성들은 많이 독립적이 되었습니다. 우리 30대 여성들의 장점과 단점에 대해서 말씀해 주시겠습니까?

여성들이 자립하고 경제력을 가질 만큼 사회에 진출하게 된 것은 좋은 일입니다. 하지만 여성은 아내로서, 어머니로서, 또는 누나로서, 남자들에게 사랑의 버팀이 되고 있어야 한다는 것을 잊어서는 안 된다고 생각합니다. 이런 여성의 사랑이 없으면 우리 사회는 정신적인 사막으로 변질될 것입니다.

추기경님께서는 우리 교회, 특히 성직자들이 가난하지 않기 때문에 가난한 사람들의 처지를 모른다는 말씀을 하셨습니다. 그렇다면 교회와 성직자들이 가난한 사람들의 처지를 진정으로 이해하기 위해서는 어떻게 해야 할까요?
복음의 예수님을 정말 알고 따라야 합니다.

〈명상록〉 중, '서울에서 31년째 살지만 인간관계, 친분 면에서 불모지대에 서 있는 것 같다. 단 한 집이라도 내가 부담감 없이 언제나 생각날 때 들를 수 있는 집이 없다'는 말씀을 읽고, 평신도인 저는 몸둘 바를 몰랐습니다. 사실은 자주 모시고 싶긴 합니다만 추기경님 일정도 바쁘시고, 또 높으신 분을 모시기가 어려워서 그런 것은 아닐까요? 독자들이 이 글을 보고 추기경님을 초청하는 일이 더 많아지면 어떻게 하실 겁니까?
그럴 염려는 없습니다.

추기경님께서는 요즘 약주를 거의 안 하시는데, 30-40대 초임 신부 시절에도 약주는 못하셨는지요?
예.

이혼과 관련해서 보면, 사회법과 종교법이 배치되는 면을 볼 수 있습니다. 예를 들면, 폭력을 휘두른 남편이 법정에서 주장하기를, 가톨릭 신자이기 때문에 이혼을 할 수 없다고 말하는 사람도 있는데, 여기에 대해서는 어떻게 생각하시는지요?

　그 말이 맞지요. 폭력을 휘두른 것은 잘못이고, 그것은 반드시 고쳐져야 합니다. 뿐더러 아내에게 진정으로 사과해야죠. 그러나 그것 때문에 '이혼'하고 만다면 문제가 해결되는 것이 아니고, 문제는 더 커집니다. 가정이 파탄되고……. 그러나 싸우다가도 화해하고 다시 사랑하면 그 사랑은 더 아름답게 꽃필 것입니다.

　교회나 사찰의 재산과 관련한 분쟁이 끊이지 않고 있습니다. 이런 분쟁이 있을 때마다 실정법대로 판단하게 되는데, 종교의 자유를 존중하는 면에서 정부가 어디까지 관여해야 한다고 보시는지요?

　공동선에 해가 되지 않는 한, 종교의 자유는 존중되어야 한다고 생각합니다.

　선진 사회로 갈수록 시민의 목소리가 커지고 있습니다. 따라서 NGO(비정부 단체)의 역할이 강화되고 있습니다. 그런데 이러한 NGO의 성장은 정부의 역할을 감소시키고 있습니다. 사회가 발전해 갈수록 정부의 역할은 점점 더 축소될 수밖에 없다고 보는데, 종교가 비정부적 단체의 역할을 확대하는 것에 대해서는 어떻게 생각하시는지요?

저는 무정부주의자는 아닙니다. 그러나 정부나 그 권력은 어떤 의미로 필요악이 아닌가 하는 생각이 듭니다. 따라서 정부의 역할이 적어져도 좋을 만큼 NGO 같은 자율적 시민 단체의 역할이 커지면 좋겠다고 생각합니다.

우리 주부들이 행복해지기 위해 필요한 지혜라면 어떤 것이 있을까요?

아내를 안해라고 하는 이도 있습니다. 이처럼 여성이 가정의 태양이 되면 그 가정은 행복해질 것입니다.

● 「우먼 센스」, 1999. 11. 30.

김수환(金壽煥) 스테파노 추기경 약력

1922년	5월 8일(음)	대구 출생
1933년		대구 성 유스티노 신학교 예비과 입학
1941년	3월	서울 동성 상업학교 졸업
	4월	일본 동경 상지 대학교 입학
1942년	9월	일본 동경 상지 대학교 문학부 철학과 진학
1944년	1월	제2차 세계 대전으로 학업 중단
1947년	9월 - 1951년 6월	서울 가톨릭 대학 신학부에서 신학 전공
1951년	9월 15일	사제 수품
	9월	대구 대교구 안동읍 목성동 천주교회 주임 신부
1953년	4월	대구 대주교 비서 신부
1955년	6월 - 1956년 7월	대구 대교구 김천시 황금동 천주교회 주임 신부
		경상북도 김천시 성의 중·고등학교장 겸임
1956년	10월 - 1963년 11월	독일 뮌스터 대학교 대학원에서
		사회학 전공
1964년	6월 - 1966년 5월	주간 가톨릭 시보 사장
1966년	2월 15일	마산 주교 서임
	5월 31일	주교 수품, 마산 교구장 착좌
1968년	4월 9일	서울 대주교 승품
	5월 29일	서울 대교구장 착좌
1969년	4월 28일	교황 바오로 6세에 의하여 추기경 서임
1970년	10월 - 1975년 2월	한국 천주교 주교회의 의장(1차 역임)
1970년 - 1973년		아시아 천주교 주교회의 구성 준비 위원장
1975년	6월	이탈리아 산 펠리체 명의 추기경

1981년 5월 – 1987년 11월		한국 천주교 주교회의 의장(2차 역임)
1971년, 1974년, 1983년, 1985년, 1987년		교황청 시노드(세계 주교회의) 한국 대표로 참석
1984년 5월 6일		파리 외방 선교회 명예 회원으로 위촉
1998년 4월 19일 – 5월 14일		교황청 시노드(아시아 주교회의) 공동 의장 역임
6월 29일		서울 대교구장직 퇴임
1999년 4월 29일		자녀 안심하고 학교 보내기 국민 재단 이사장 취임

■ 명예 박사 학위

1974년 2월 23일	서강 대학교 명예 문학 박사
1977년 5월 22일	미국 노틀담 대학교 명예 법학 박사
1988년 11월	일본 상지 대학교 명예 신학 박사
1990년 5월	고려 대학교 명예 철학 박사
1990년 10월	미국 시튼 홀 대학교 명예 법학 박사
1994년 5월 14일	연세 대학교 명예 신학 박사
1995년 6월 14일	타이완 푸젠 가톨릭 대학교 명예 철학 박사
1997년 7월 30일	필리핀 아테네오 대학교 명예 인문학 박사
1999년 10월 29일	서울 대학교 명예 철학 박사

■ 상훈

1970년 8월 15일	국민훈장 무궁화장
2000년 5월 23일	제13회 심산상(心山賞)(성균관 대학교)
11월 28일	제2회 인제 인성대상(인제 대학교)
2001년 1월 29일	독일 대십자공로훈장